# Serviço Social na Justiça de Família
## demandas contemporâneas do exercício profissional

*Coordenadora do Conselho Editorial de Serviço Social*
Maria Liduína de Oliveira e Silva

*Conselho Editorial de Serviço Social*
Ademir Alves da Silva
Dilséa Adeodata Bonetti (*in memoriam*)
Elaine Rossetti Behring
Ivete Simionatto
Maria Lúcia Carvalho da Silva (*in memoriam*)
Maria Lucia Silva Barroco

**Dados Internacionais de Catalogação na Publicação (CIP)**
**(Câmara Brasileira do Livro, SP, Brasil)**

Gois, Dalva Azevedo de
  Serviço social na justiça de família : demandas contemporâneas do exercício profissional / Dalva Azevedo de Gois, Rita C. S. Oliveira. — São Paulo : Cortez, 2019. -- (Coleção temas sociojurídicos / coordenação Maria Liduína de Oliveira e Silva, Silvia Tejadas)

  Bibliografia.
  ISBN 978-85-249-2717-1

  1. Assistentes sociais - Prática profissional 2. Direito de família 3. Justiça - Brasil 4. Parentalidade 5. Serviço social - Mediação 6. Serviço social com a família 7. Solução de conflitos I. Oliveira, Rita C. S. II. Título. III. Série.

19-24026                                    CDD-362.82

**Índices para catálogo sistemático:**
1. Justiça de família e serviço social    362.82

Maria Paula C. Riyuzo - Bibliotecária - CRB-8/7639

Dalva Azevedo de Gois
Rita C. S. Oliveira

# Serviço Social na Justiça de Família
## demandas contemporâneas do exercício profissional

**1ª edição**
2ª reimpressão

São Paulo - SP
2023

SERVIÇO SOCIAL NA JUSTIÇA DE FAMÍLIA: demandas contemporâneas do exercício profissional
Dalva Azevedo de Gois, Rita C. S. Oliveira

*Capa*: de Sign Arte Visual
*Preparação de originais*: Jaci Dantas
*Revisão*: Maria de Lourdes de Almeida
*Projeto gráfico e diagramação*: Linea Editora
*Coordenação Editorial*: Danilo Morales
*Assessoria editorial*: Maria Liduína de Oliveira e Silva
*Editora-assistente*: Priscila Flório Augusto

Nenhuma parte desta obra pode ser reproduzida ou duplicada sem autorização expressa das autoras e do editor.

© 2018 by Autoras

Direitos para esta edição
CORTEZ EDITORA
R. Monte Alegre, 1074 — Perdizes
05014-001 — São Paulo-SP
Tel.: + 55 11 3864 0111 / 3803 4800
cortez@cortezeditora.com.br
www.cortezeditora.com.br

Impresso no Brasil — maio de 2023

# Sumário

Apresentação da Coleção ............................................................. 7

Prefácio ........................................................................................ 9

Apresentação ............................................................................... 13

Capítulo 1 ■ Justiça de Família e Serviço Social: histórico da área
e particularidades do exercício profissional do assistente social.. 19

   1.1 Implantação da profissão na Justiça de Família: perspectivas
teórico-metodológicas dos estudos/perícias sociais ............... 22

   1.2 O objeto profissional do Serviço Social: da situação-
-problema às expressões da questão social ........................... 28

   1.3 Atribuições profissionais: o fio da navalha entre demandas
institucionais e projeto profissional ..................................... 32

      1.3.1 Serviço Social e mediação de conflitos ....................... 34

      1.3.2 Visita assistida entre pais e filhos ............................... 38

      1.3.3 Oficinas de parentalidade ........................................... 41

      1.3.4 A participação do assistente social em audiência
judicial: a prova técnica simplificada e o depoimento
especial ........................................................................ 43

**Capítulo 2** ■ Desafios profissionais na elaboração de estudo/ perícia social e de seus registros e na relação entre perito/ assistente técnico na Justiça de Família .......................................... 49
2.1 O estudo/perícia social na Justiça de Família ..................... 50
2.2 A atuação do perito social e do assistente técnico ............... 56

**Capítulo 3** ■ Famílias: uma abordagem social ............................... 65
3.1 Contextualização social: aspectos preponderantes para a análise social de famílias ........................................................ 69
3.2 Relações de gênero e de gerações e questões étnicas: eixos de análise de famílias ........................................................... 77
3.3 A propósito de uma conceituação de famílias, de socialização e de sociabilidade, do ponto de vista social ...... 81

**Capítulo 4** ■ A pluralidade de configurações familiares e os desafios relativos à parentalidade .................................................. 89
4.1 Configurações familiares e seus modos de expressão .......... 94
4.2 Parentalidade: desafios frente a questões contemporâneas.. 101

**Capítulo 5** ■ Dimensão social dos litígios de Varas de Família: demandas e especificidades na atuação do assistente social ......... 109
5.1 Alienação parental: a construção de entendimentos no Serviço Social ........................................................................ 111
5.2 Guarda compartilhada: apreensões do ponto de vista do Serviço Social ........................................................................ 116
5.3 Da conjugalidade à parentalidade: desvelando questões no âmbito do Serviço Social ...................................................... 120

**Notas finais: construindo trilhas** ................................................... 129
**Leituras afins** .................................................................................. 133
**Referências** ..................................................................................... 135

# Apresentação da Coleção

A Coleção **Temas Sociojurídicos** se conforma na produção de um conjunto de obras articuladas que abordam diferentes temáticas inscritas na particularidade dos espaços sócio-ocupacionais, que o Serviço Social convencionou chamar de área sociojurídica, que reflete o trabalho profissional desenvolvido diretamente ou em interface com o Sistema de Justiça. Esse Sistema, no geral, é composto por instituições como o Poder Judiciário, Ministério Público, Defensoria Pública, Sistema das Medidas de Proteção, Sistema de Execução das Medidas Socioeducativas, Sistema de Segurança Pública, Sistema Prisional e as redes de defesa, promoção e proteção do Sistema de Garantias de Direitos.

Almeja-se, a partir de produções individuais ou coletivas, descortinar as relações sociais de violência, de preconceito, de criminalização das expressões da questão social e as práticas conservadoras-higienistas produzidas pelas instituições do Sociojurídico, alinhadas ao arcabouço penal do Estado capitalista contemporâneo. Nessa direção, perscrutam-se fundamentos críticos, estratégias de resistência, sintonizadas com as lutas sociais e práticas pedagógicas emancipadoras que se coadunam com a liberdade, com a defesa dos direitos humanos e com o combate à desigualdade. Para tanto, propõe-se a dialética articulação teórico-prática, capaz de prospectar e repropor processos sociais cotidianos na práxis profissional.

O momento em que a Coleção é lançada é dramático. Avançam as reformas que elevam ao máximo os pressupostos liberais, ou seja, reduzem o alcance do incipiente Estado social brasileiro, alimentam o ódio em diversas dimensões da vida social, estimulando linchamentos morais e sociais, a exacerbação da prisão como medida de controle social e a intolerância para com a diferença. Nessa contextura, esta Coleção, na ótica da educação permanente, nasce para dialogar com a demanda crescente de profissionais e estudantes que atuam no Sociojurídico e buscam subsídios para compreender tais movimentos.

Espera-se que a aproximação com as obras que compõem a Coleção favoreça, entre autores e leitores, o compromisso com os sujeitos de direito que transitam entre essas instituições e estimule processos coletivos de resistência, exigibilidade e materialização de direitos.

Entre São Paulo e Porto Alegre.

*Maria Liduína de Oliveira e Silva*
*Silvia Tejadas*

# Prefácio

Pensar o Serviço Social na Justiça de Família, eis a proposta deste livro. Mas, afinal, o que é Justiça de Família e o que esse espaço do Judiciário demanda do Serviço Social? Qual o objeto de investigação da profissão e qual a finalidade do seu trabalho? Quais conhecimentos o assistente social necessita dominar para aí atuar com competência técnica e ética? O relatório ou laudo social que elabora constitui ou não prova para responsabilizações? Poderia prosseguir com muitas outras questões que a temática suscita, mas o que importa dizer é que as autoras deste livro ousaram enfrentar muitas delas, sem pretensões de responder a todas, mas com a coragem e o propósito de compartilhar conhecimentos que vêm acumulando como assistentes sociais do Judiciário e como docentes e pesquisadoras de vários eixos da temática central deste estudo inédito.

Assim, este livro nos brinda com conteúdo fundamental para o desvelamento da realidade social e do trabalho dos assistentes sociais no espaço sócio-ocupacional da Justiça de Família. Uma realidade de trabalho que carece de produções de conhecimento, e sobre a qual, nas palavras das autoras, tem predominado um "silêncio teórico", mesmo após décadas da presença do Serviço Social enquanto profissão demandada a dar suporte a decisões judiciais em ações que envolvem famílias. Por isso, são oportunas as reflexões em busca de respostas sobre por que o trabalho do assistente social nesse espaço continua permeado por dúvidas relativas ao que particulariza o objeto de investigação da profissão e quais são os objetivos profissionais nas questões trazidas pelas famílias. Portanto, em ações decisórias e impositivas pelo Estado sobre relações entre mães, pais, filhos, outros familiares — no interior de processos de intensificação da judicialização de conflitos familiares.

As autoras não têm o propósito de oferecer receitas para fazer frente aos questionamentos que perpassam o exercício profissional nesse espaço, mas trazem insumos que podem iluminar esse cotidiano de trabalho, na medida em que ousam enfrentar esse desafio. O que exige, conforme pontuam, localizar "mediações que revelem dimensões sociais, econômicas e culturais presentes nas realidades sociais" que compete aos assistentes sociais investigarem teoricamente e, muitas vezes, em face de "divergência com objetivos da instituição judiciária".

Com objetividade, e tendo por guia princípios éticos e referenciais teórico-metodológicos alinhados à perspectiva histórico-crítica da profissão, o texto leva o leitor a caminhar pelos meandros de importantes debates e produções sobre famílias na contemporaneidade e sobre como o espaço público do Estado/Judiciário, apoiado na positividade da lei, vem se fazendo cada vez mais presente na vida familiar privada. Nesse caminho, traz indicativos e questionamentos sobre o que compete e o que faz o assistente social no cotidiano da Justiça de Família. E as autoras o fazem coerentemente, com apoio em literatura científica, em legislações e normativas, em informações empíricas e na experiência de trabalho e de pesquisa que ambas acumulam, sempre demarcando sintonia com a defesa intransigente dos direitos humanos.

O conteúdo dos vários capítulos instiga o debate sobre a temática em foco e suscita indagações que podem fomentar a produção de novos conhecimentos. Logo no primeiro capítulo, a análise histórica e as reflexões em torno "da situação-problema às expressões da questão social" enquanto objeto do Serviço Social em diferentes momentos e projetos da profissão, toca em ponto-chave reclamado por parcela dos assistentes sociais que atuam na área: afinal, como identificar as expressões da questão social particularizadas na realidade das famílias sujeitos dos autos processuais, muitas vezes "veladas pela subjetividade decorrente do conflito relacional-legal"? Com apoio em estudiosos do Serviço Social, as autoras sinalizam aportes com vistas a ultrapassar o imediato que demanda a ação judicial/institucional — pela identificação, na realidade social, das dimensões da singularidade, da universalidade, e da particularidade, em sintonia com os fundamentos do Serviço Social e as atribuições e competências profissionais.

Na continuidade, enveredam pelo debate sobre a "elaboração de estudo/perícia social e de seus registros", sem perder de vista a reflexão anterior sobre as expressões da questão social enquanto objeto do Serviço Social e, dentre outras, levantando questões, com bases éticas, sobre o que está em jogo em descrições e análises expostas em relatórios ou laudos sociais. Assim, falam da inerente dimensão técnico-operativa da profissão, mas não isoladamente e sim em sintonia com fundamentos teórico-metodológicos e éticos, notadamente relativos à "contribuição do Serviço Social para definições judiciais que respeitem direitos", dentre os quais o direito à convivência familiar e à convivência social, que podem ser perpassadas por "interações multiculturais, geracionais, territoriais, religiosas e raciais", assim como por "desigualdades socioeconômicas e de gênero".

No conjunto de aspectos e dimensões que permeiam o trabalho do assistente social nesse espaço, o texto explora valorosos e férteis insumos teóricos relativos às transformações socioculturais que rebatem nos valores e modos de ser das famílias na contemporaneidade, os quais necessitam ser apropriados pelos profissionais com vistas a assegurar qualidade às análises, refutando opiniões apoiadas em preconceitos que perpassam o senso comum, risco muitas vezes presente no trabalho cotidiano com famílias. Para tal, destaca a necessária contextualização social da situação vivida, buscando desvelar como os sujeitos daquela família singularizam questões e determinantes sociais do momento histórico, as "relações intergeracionais e de gênero", as "questões étnicas, as determinações advindas da localização socioespacial", assim como a "relação entre espaço privado e público" — enquanto aspectos que impactam as relações conjugais e parentais. Nesse debate, destaca ainda fundamentos acerca de socialização (como "espaço primário de aprendizado de valores") e sociabilidade (como "desenvolvimento do modo de interagir socialmente"), numa rica e fecunda análise "do ponto de vista social", conforme as reiteradas afirmações das autoras.

No adensamento das reflexões sobre transformações socioculturais que incidem nas famílias, seguem analisando suas diferentes configurações e os desafios da parentalidade, instigando reflexões a respeito de posicionamentos profissionais frente e sobre a realidade das situações familiares postas no cotidiano desse trabalho. Num tempo em que a sociedade vivencia e reconhece direitos relacionados a amplas diversidades de configurações e relações familiares e, simultaneamente, vê avançar retrocessos conservadores em relação a avanços democráticos e civilizatórios, não raras vezes expressos por meio de rejeição e violência contra o outro considerado "diferente", as autoras chamam a atenção para a imperiosa necessidade de o assistente social munir-se de conhecimentos e consequente capacidade argumentativa para a atuação que siga a direção social da profissão comprometida com a defesa de direitos.

Continuando as aproximações sucessivas à temática, oferecem mais subsídios que podem iluminar o complexo e denso debate que envolve esse trabalho, com destaque para os temas da alienação parental e da guarda compartilhada, e a possibilidade do fortalecimento de equidade na relação parental "com o acesso de indivíduos e famílias a políticas públicas que lhes deem suporte no cuidado e proteção dos filhos".

A leitura deste texto de Dalva Azevedo de Gois e Rita C. S. Oliveira se faz obrigatório para profissionais do Serviço Social, mas não só. Seu conteúdo apresenta insumos fundamentais para outras áreas, dentre elas a Psicologia e o Direito, na medida em que a interlocução entre diversos saberes contribui para a efetiva distribuição da justiça. O que requer apostar e investir na horizontalidade das relações profissionais no espaço sócio-ocupacional do Judiciário e afins, tendo como horizonte a perspectiva de proteger e assegurar direitos humanos, neste caso, particularmente aos sujeitos envolvidos em ações que tramitam na Justiça de Família.

*Eunice Fávero*[1]

---

1. Assistente social aposentada do Tribunal de Justiça do Estado de São Paulo (TJSP). Mestre e Doutora em Serviço Social pela PUC-SP. Docente na graduação e pós-graduação. Pesquisadora sobre o Serviço Social na Área Sociojurídica.

# Apresentação

Pensar o Serviço Social em sua atuação na Justiça de Família emergiu como necessidade em decorrência do pouco acúmulo de produção específica nessa área. Essa atuação se dá majoritariamente num cenário de relações familiares conflitivas, advindas da separação conjugal, em que predominam as disputas de guarda de filhos e os pedidos de limitação, proibição ou ampliação do seu convívio com aquele que não tem a guarda.

As demandas dessa área, fortemente demarcadas pelos conflitos relacionais familiares e pelo litígio judicial, convocam o assistente social a permanecer nessas dimensões, colocando em risco as mediações com as determinações socioeconômicas e culturais que constituem o objeto profissional.

As famílias que recorrem à Justiça de Família apresentam demandas que expressam a questão social, ainda que sua realidade social, em especial do ponto de vista socioeconômico, por vezes, se diferencie daquelas que se tornam usuárias da Justiça da Infância e Juventude. Nesse sentido, as mudanças socioculturais, em parte impulsionadas pelo processo de globalização, e as tensões advindas de um modo de produção capitalista, que prima pela competição e pela acentuada desigualdade entre indivíduos e camadas sociais, são fatores constitutivos dessas expressões.

Embora seja amplamente conhecido, não é demais registrar que, no Brasil, a Justiça de Família está localizada numa sociedade atravessada por grave desigualdade social e pelo restrito acesso a direitos sociais por significativa parcela da população. É operacionalizada numa instituição, a Judiciária, na qual a hierarquia e o poder de uns sobre outros são aspectos preponderantes. Além disso, a legislação que orienta as decisões judiciais é passível de diferentes interpretações, o que pode ser interessante, desde que essas interpretações contemplem rigorosa contextualização em seus vários âmbitos, incluindo o social.

No que se refere à legislação, as constantes mudanças e alterações nessa área expressam a dinâmica da sociedade contemporânea na luta pela defesa de seus direitos. Esse movimento em prol da aprovação de novas leis ou de modificação das existentes aponta ou reflete diferentes direções, de modo que essas normativas legais orientam/determinam medidas judiciais, mas, por vezes, abrem espaço para o acirramento de conflitos pós-separação conjugal, entre outros, que acabam por resultar em litígio processual.

De fato, muitas e múltiplas são as lides judiciais que demandam a realização de estudo/perícia social, de modo que o trabalho nessa área se amplia quantitativamente e ganha contornos mais complexos, exigindo mais da competência do assistente social. A esse profissional, entre tantas outras exigências, cabe capturar as transformações sociais que incidem sobre as famílias e seus modos de ser pai ou mãe, identificar aspectos que desencadeiam o esgarçamento dos laços familiares e fomentam a abertura de processos judiciais, além de pensar novas formas de abordagem.

Nessa direção, entendemos famílias como espaços que sintetizam relações contraditórias, conflitivas e complexas, ou seja, representam um reflexo de transformações históricas, socioeconômicas e culturais. Consideramos ainda que a intervenção da esfera pública na família deve levar em conta a correlação entre a necessidade de aprofundamento do conhecimento da realidade social vivenciada por essas famílias e seu direito à privacidade, em articulação com a proteção de direitos e não com a perspectiva punitiva. Ocorre, porém, que esse entendimento colide com a lógica binária dos processos judiciais e a busca pela "verdade" na perspectiva culpabilizante e inquisitorial, típicas dos processos judiciais na Justiça de Família.

Frente a esse cenário antagônico entre a demanda institucional e a identidade profissional, pretendemos com esta publicação contribuir para o debate de temas preponderantes da atuação do assistente social na Justiça de Família, destacando tanto questões contemporâneas de famílias quanto desafios do exercício profissional para abordar as demandas presentes nos conflitos judiciais. Nessa abordagem, consideramos os fatores que determinam os litígios e temos como referência a perspectiva teórico-crítica, o projeto ético-político do Serviço Social e o diálogo com a atuação profissional.

Nesse sentido, elaboramos um texto que privilegia a interlocução com assistentes sociais cujo exercício profissional esteja diretamente associado a esse espaço sócio-ocupacional, com vistas a fomentar o debate a partir da experiência profissional e seus tensionamentos, da reflexão e sistematização dos debates realizados nos espaços coletivos da área e em publicações esparsas sobre temas correlatos. Priorizamos, nesta obra, produções teóricas e regulamentações do Judiciário paulista devido ao pioneirismo de algumas delas e, também, por ser esse o nosso espaço de exercício profissional, de estudos e de realização de pesquisas.

Isto posto, para cumprir o objetivo deste livro, nós o organizamos em cinco capítulos, além das notas finais e das referências. Cada capítulo aborda temas específicos, os quais, evidentemente, estão imbricados. Contudo, para fins de clareza e aprofundamento, é necessário abordá-los em suas particularidades.

Desse modo, o capítulo I privilegia a abordagem da implantação do Serviço Social na Justiça de Família, as atribuições profissionais e os posicionamentos do coletivo profissional, demarcando o tensionamento entre algumas demandas institucionais e o projeto profissional. Nesse capítulo, evidencia-se o desafio de um exercício profissional que requer superar o legado histórico da abordagem individual e desvelar as expressões da questão social nas demandas que, no imediato, se revelam pela ênfase no conflito judicial e no relacional.

A especificidade de estudos/perícias sociais e seus registros na atuação em processos relativos à guarda de filhos, entre outros, além da instigante e ainda incipiente discussão sobre a atuação do assistente social como perito social e de sua relação com assistente técnico na construção de estudos/perícias sociais e sua documentação são o foco do segundo capítulo.

Os capítulos III e IV, por sua vez, condensam subsídios para o debate de famílias e parentalidade na contemporaneidade. Destacam-se, neles, a historicidade, a localização social e outros aspectos relativos à contextualização social da temática, as diferentes configurações familiares e suas questões étnicas, de gênero e de geração (ilustradas com base na análise de aspectos do filme "Eu, Tu, Eles"), além dos desafios da parentalidade, em especial, ao que se refere às atribuições pró-convivência e proteção sociais. Também faz parte desses dois capítulos uma discussão sobre socialização e sociabilidade e uma proposta de conceituação de famílias do ponto de vista social.

No quinto capítulo, são discutidas as particularidades sociais da alienação parental e da guarda compartilhada. Para ilustrar como as questões até então discutidas se expressam nos processos judiciais, apresentamos uma situação empírica que tem como foco a solicitação paterna de guarda compartilhada e a referência à suposta alienação parental por parte da mãe, expondo, também, possibilidades de análise social dessa situação.

Já as notas finais apresentam pontos considerados norteadores da mentalidade que orientou a elaboração desta obra. Nelas, também constam questões que nos parecem cruciais ao Serviço Social na Justiça de Família, além do desafio dos assistentes sociais para avançar na realização de estudos/perícias sociais que contemplem criticidade na análise da realidade social.

As referências privilegiam autores e autoras[1] da área social. Salientamos por oportuno que a significativa quantidade de referências retrata nosso

---

1. Também queremos fazer referência à marcação de gênero social neste livro. Compartilhamos o entendimento quanto à importância de indicar os dois gêneros (masculino e feminino) no texto. Porém, por força da dificuldade que seria materializar esse intento em um livro inteiro, preferimos seguir o padrão da língua formal.

esforço de oferecer aos leitores opções literárias para fundamentação de suas análises nos vários temas abordados nesta obra.

Por último, queremos frisar a necessidade imposta ao Serviço Social de constantes estudos e pesquisas sobre Justiça de Família, além de espaços coletivos para atualização profissional e para reflexões e definições sobre questões relativas ao cotidiano de trabalho.

## Capítulo 1
# Justiça de Família e Serviço Social:
### histórico da área e particularidades do exercício profissional do assistente social

A abordagem histórica sobre as particularidades da atuação profissional do assistente social nas demandas das Varas de Família e Sucessões busca iluminar os desafios postos na contemporaneidade que tendem a se acentuar diante do "silêncio" teórico predominante sobre esse trabalho profissional.

O primeiro desses desafios é a identificação do objeto e do objetivo profissional nesse espaço, com vistas a resguardar a especificidade do Serviço Social, mesmo em face de possível divergência com objetivos da instituição judiciária. Com efeito, da mera identificação da "situação-problema" à análise das múltiplas expressões da questão social na contemporaneidade decorreram quase quarenta anos, exigindo-nos mediações que revelem dimensões sociais, econômicas e culturais presentes nas realidades sociais que nos compete investigar teoricamente. Numa perspectiva panorâmica, abordamos outras atribuições profissionais na Justiça de Família que não a elaboração de estudos/perícias sociais, sinalizando contradição entre algumas requisições da instituição aos assistentes sociais que nela trabalham frente ao projeto profissional.

O segundo desafio é o próprio exercício profissional na área judiciária. Considerada um dos primeiros espaços sócio-ocupacionais do assistente social, tal área vem demandando historicamente a atuação, predominantemente por meio de relatórios, laudos e pareceres sociais que subsidiem a decisão judicial, em processos judiciais das Varas da Infância e Juventude e das Varas de Família e Sucessões, dentre outras esferas mais recentemente criadas nos Tribunais de Justiça Estaduais, como a Vara de Violência Doméstica e Familiar Contra a Mulher, por exemplo.

Em sendo assim, embora a profissão esteja inserida formalmente no judiciário paulista há quase setenta anos, somente a partir do final da década de 1990, com o marco da aprovação das leis que garantem formalmente direitos sociais à população brasileira, foi rompido o "silêncio" da literatura especializada sobre esse cotidiano profissional, inscrito num "tenso terreno sociopolítico e legal" como o jurídico (Iamamoto, 2004, p. 263).

Esse "silêncio" é, possivelmente, respaldado em certo preconceito de alguns setores da academia em relação ao trabalho profissional no Judiciário, tendo em vista tratar-se de uma esfera fortemente marcada pelo positivismo normativo-legal. Nesse sentido, Fávero (2010) — uma das pioneiras no Judiciário paulista a levar o tema para o âmbito acadêmico no contexto da institucionalização do projeto profissional — apontou para essa questão no debate promovido em 2003 pelo Conselho Regional de Serviço Social (CRESS) do Rio de Janeiro: "Fui, no início de 1992, buscar a academia para fazer mestrado, na intenção de buscar explicações para questões do nosso quotidiano profissional. Se agora a discussão é recente, imaginem no início dos anos 90!" (Fávero, 2010, p. 44).

Corroborando essa percepção, Borgianni (2010) também identifica esse "silêncio" teórico: "[...] quer saber de um tema que ninguém trabalha, ninguém explora, nem a Academia nem a organização da categoria alertou para isso, é esta área judiciária, penitenciária [...]". E, instigada por sua inserção em várias dimensões do Serviço Social, teve protagonismo no estabelecimento do "sociojurídico" como espaço fundamental de debates e de produção teórica-profissional. (Borgianni, 2010, p. 26).

A discussão sobre as particularidades do trabalho profissional nesse espaço sócio-ocupacional foi assumida pelo coletivo CFESS/CRESS em 2001, no contexto da ampliação da contratação de assistentes sociais no Judiciário e em outras esferas jurídicas, decorrente especialmente da promulgação do Estatuto da Criança e do Adolescente (ECA), em 1990. Nesse ano, pela primeira vez, foi constituída a sessão temática "Serviço Social e o Sistema Sociojurídico", no X Congresso Brasileiro de Assistentes Sociais (CBAS), no Rio de Janeiro, onde ocorreu ainda o lançamento da revista *Serviço Social e Sociedade* n. 67, da Editora Cortez, com artigos sobre "Temas Sociojurídicos". Em 2003, como já referido, o CRESS-RJ foi o primeiro a realizar um denso debate do qual resultou a publicação de suas falas na *Revista em Foco*, republicada em 2010, tamanha sua repercussão.

A partir desses eventos, o coletivo profissional pautou a importância do aprofundamento da discussão sobre a atuação nessa área, o que se deu, então, em 2004, no "1º Encontro Nacional Serviço Social e campo sociojurídico", em Curitiba-PR e, em 2009, no segundo encontro, intitulado "O Serviço Social no campo sociojurídico na perspectiva da concretização dos direitos", em Cuiabá-MS.

A revista *Serviço Social & Sociedade,* volume 115 (2013), representou mais um avanço no debate sobre os temas que permeiam o cotidiano desse espaço sócio-ocupacional. É no artigo de Borgianni, "Para entender o Serviço Social na área sociojurídica", que se discutem as particularidades da denominação "área" ou "campo" sociojurídico, concluindo-se pela pertinência da primeira.

Conquanto não aborde diretamente as demandas da Justiça de Família, a publicação "Atuação de Assistentes Sociais no Sociojurídico: subsídios para reflexão", do CFESS (2014), constitui rico referencial teórico para nossas reflexões e enfrentamento de desafios, pautando-se em levantamento feito nas várias instituições que compõem essa área.

Esse movimento estimulou a discussão na referida área, porém, ela ainda se mantém insuficiente sobre o Serviço Social na Justiça de Família. Isso se reflete em órgãos da categoria, cuja articulação com profissionais em exercício nesse espaço ocupacional também não tem merecido a devida atenção.

Com efeito, após a promulgação do ECA, em 1990, tornou-se crescente o número de assistentes sociais do Judiciário paulista que produzem pesquisas e estudos (especialmente de mestrado e doutorado) voltados às demandas das Varas da Infância e Juventude, contribuindo de forma relevante para ampliar debates relacionados à violação de direitos de crianças, adolescentes e famílias, mas ainda são raras as que se voltam para o trabalho profissional na Justiça de Família. No que se refere ao registro do histórico da implantação do trabalho nesse espaço, por exemplo, as poucas informações localizadas constam das produções teóricas sobre a Justiça da Infância e Juventude, realizadas por Fávero (2005) e Alapanian (2006).

## 1.1 Implantação da profissão na Justiça de Família: perspectivas teórico-metodológicas dos estudos/perícias sociais

Referirmo-nos à implantação do Serviço Social da Justiça de Família implica recuperar como se deu a inserção dessa profissão no antigo "Juízo de Menores". Nesse aspecto, as pesquisas de Fávero (2005) e de Alapanian (2006) são leituras fundamentais não apenas por construírem essa historicidade, mas, especialmente, por desvelarem as matrizes ideológicas em que ocorreu, numa esfera marcada pela hierarquização do saber do positivismo jurídico.

Na construção dessa recuperação histórica, é importante ressaltar, conforme Fávero (2005), que o Serviço Social inseriu-se oficialmente no Juizado de Menores de São Paulo, em 1949, com a criação do Serviço de Colocação Familiar. Porém, antes disso, assistentes sociais já exerciam funções junto ao "comissariado de menores". Tal Serviço, na atualidade, corresponderia ao programa de família acolhedora para crianças e adolescentes e ao de transferência de renda, no âmbito da Secretaria de Assistência Social do Poder Executivo municipal, viabilizando repasse financeiro, inicialmente às famílias de apoio e em seguida às próprias famílias das crianças, com vistas a evitar a institucionalização de seus filhos.

A inserção do Serviço Social não foi demarcada, portanto, pela realização de estudos e perícias sociais, atribuição privilegiada, na atualidade, especialmente na Justiça de Família. Fávero (2005) assevera que, embora a profissão se pautasse na visão social da doutrina católica, já se identificava a preocupação com o planejamento de serviços e de programas mais coerentes com as necessidades das famílias, na contramão da legislação vigente.

O histórico registrado por Fávero (2005) e por Alapanian (2006) retrata que a execução de programas por parte do Poder Judiciário, tal como o Serviço de Colocação Familiar, passou a ser criticada por juízes por ser inerente à competência do Poder Executivo. Essa crítica resultou em sua transferência para tal instância, e outros programas foram encerrados. Esse histórico referenda a tendência da Justiça da Infância e Juventude na ocupação do vazio das políticas públicas e sociais que deveriam garantir acesso à moradia, educação, saúde, trabalho, assistência social. Trata-se da "judicialização da questão social", entendida na perspectiva de Aguinsky e Alencastro (2006) como a transferência para o Judiciário do atendimento individual de direitos sociais quando, na verdade, representam demandas coletivas e estruturais que deveriam ser atendidas por meio das políticas públicas.

No contexto de ampliação dos "problemas do menor" que envolviam famílias e seus filhos, tendo em vista o saber específico do assistente social sobre relações sociais e familiares, ganha força em 1957 a demanda pela realização de estudos/perícias e pareceres sociais com vistas a subsidiar a decisão judicial, com a criação das Seções de Informações e de Serviço Social.

A elaboração de estudo/perícia social e seus respectivos registros[1] — relatórios, laudos e pareceres — é a atribuição privativa do assistente social que mais demarca a profissão no Judiciário, especialmente na Justiça de Família. Não há registro claro sobre o início dessa atribuição profissional nesse espaço, sendo possível inferir que fosse ocasional até serem instituídas as tais "Seções de Informações" e, posteriormente, se regulamentasse a especialização das Varas e a instituição formal do Serviço Social nesse espaço.

---

1. Usaremos estudo e perícia social como sinônimos, conforme esclarecido no capítulo 2.

Sobre esse aspecto, Pismel (1979) aponta que a especialização da justiça estadual paulista foi regulada por meio do Decreto-lei Complementar n. 3, de 27 de agosto de 1969, que previa dois ramos, o Criminal e o Civil, inserindo-se, no segundo, as ações das Varas de Família e Sucessões e também as das Varas de Menores. Segundo esse autor, em 1979, já existiam dez Varas de Família e Sucessões na capital paulista.

É na década de 1980 que essa atuação se formaliza com a implantação do Serviço Social junto às Varas de Família e Sucessões, através do Provimento n.136, de 15 de abril de 1980, do Conselho Superior da Magistratura. Nesse contexto, inaugura-se a "intervenção profissional menos assistencial e mais judicante", demarcada pela realização dos estudos e perícias sociais com vistas a contribuir com as decisões judiciais (Alapanian, 2006, p. 151 e 152).

No que se refere à legislação que ampara as demandas legais das Varas de Família e Sucessões, elas são regidas pelo ramo do Direito de Família, constituído especialmente pela Constituição Federal (1988), o Código Civil (2002) e o Código de Processo Civil (2015).

A implantação do Serviço Social na Justiça de Família deu-se num contexto normativo patriarcal, marcado pela desigualdade do poder familiar entre homem e mulher, cujas relações eram legisladas pelo Código Civil de 1916 e pelo não reconhecimento da criança e do adolescente como sujeitos de direitos, típico da legislação menorista. No âmbito profissional, embora o Serviço Social estivesse vivenciando avanços do Movimento de Reconceituação, prevalecia a orientação positivista-funcionalista.

Apesar da pouca produção teórica sobre as particularidades da atuação profissional nesse espaço sócio-ocupacional, em 1979, Pismel, assistente social no Judiciário paulista, defendeu sua dissertação de mestrado sobre perícia social na Justiça de Família[2], contribuindo para a discussão que estamos realizando.

---

2. Possivelmente, a produção de Pismel (1979) tenha sido a primeira pesquisa de mestrado realizada por assistente social do Judiciário e que, contrariamente ao que poderíamos supor, teve

Para o referido autor (1979, p. 35) o estudo social se constituía como "[...] contribuição na busca da verdade, resultando positivamente para o desenvolvimento e o aperfeiçoamento do conhecimento judicial sobre os fatos e a lide a ser julgada". No entanto, na atualidade, o que defendemos como ação plausível ao profissional do Serviço Social é a construção de uma interpretação dos fatos que se nos apresentam, e não a demonstração da verdade.

Outro aspecto a se observar é que, para além da prova pericial, a ênfase do estudo social se dava, à época, na contribuição profissional por meio da perspectiva interventiva no grupo familiar, denominada "modalidade técnica de intervenção social, entendida como forma planejada e instrumentalizada de atuação na situação-problema vivenciada pelo grupo familiar" (Pismel, 1979, p. 40). A mudança mais significativa desse período para o atual está no objeto da atuação do assistente social, que foi redefinido: antes, "situação-problema"; hoje, "expressões da questão social".

A abordagem individual, "caracterizada pela utilização do relacionamento cliente-profissional como instrumento técnico facilitador da compreensão da situação e do ambiente" (Pismel, 1979, p. 54) e valorizada como recurso "na busca de desenvolvimento de suas potencialidades pessoais e sociais, e na superação de bloqueios internos e externos ao grupo" (Pismel, 1979, p. 55), estabeleceu as bases para esse autor fortalecer a perspectiva interventiva que se voltava para o incentivo da realização de acordos entre os envolvidos no processo judicial.

Nessa perspectiva, o acordo poderia "resultar em condição mais salutar aos filhos, contribuindo para serenar os ânimos e arrefecer o litígio" e favorecendo aos pais chegarem ao "nítido sentido de consciência e responsabilidade na proteção e assistência aos filhos, acima dos inconvenientes da separação" (Pismel, 1979, p. 69/70).

---

como foco a ação profissional nas Varas de Família e não no antigo Juizado de Menores, lócus privilegiado da implantação do Serviço Social.

A forte influência da abordagem individual na profissão, certamente, contribuiu para a valorização da perícia social por parte dos operadores do Direito. Isso pode ser constatado no acórdão reproduzido por Pismel (1979, p. 102/103), que anulou uma sentença judicial por não ter sido determinada a realização de perícia social (naquele contexto, intitulada como "pesquisa"). Nesse mesmo acórdão, foi determinada a realização de "pesquisa" por assistente social ou órgão especializado, com vistas a pesquisar a situação dos "menores" e de seus genitores.

É evidente, naquele contexto, a funcionalidade da perícia social ao Judiciário, bem como o alinhamento entre o objetivo institucional e o profissional. Porém, desde a implantação formal do Serviço Social na Justiça de Família ocorreram profundas mudanças tanto na legislação quanto nos fundamentos teórico-metodológicos e ético-políticos da profissão, que tensionaram a relação da profissão com a instituição, como veremos no decorrer deste capítulo.

Com a promulgação da Constituição Federal (1988) e de novas concepções legais sobre famílias e os direitos dos segmentos que as compõem — crianças, adolescentes, idosos, pais, mães, homens e mulheres —, foram aprovadas outras normas legais que incidem nas famílias e no trabalho profissional junto a elas.

A perspectiva legal igualitária do poder familiar entre pai e mãe, demarcada pelo Código Civil de 2002, por exemplo, retirou o poder de decisão masculino patriarcal nas situações de divergência sobre algum aspecto da vida dos filhos. Com isso, ampliou-se o que Bruno (2006) chama de jurisdicionalização da vida familiar, cabendo ao Judiciário decidir sobre o conflito apresentado pelos pais.

Atualmente, no Judiciário paulista, a maioria dos assistentes sociais atende tanto as demandas das Varas da Infância e Juventude quanto as da Família. Enquanto a maior parte das ações judiciais nas Varas da Infância e Juventude enseja a atuação profissional do assistente social, o mesmo não ocorre nas Varas de Família e Sucessões, onde tramitam ações judiciais sobre inventários, testamentos, separação judicial, divórcio, anulação de casamento, investigação de paternidade, ação de alimentos, guarda, modificação de guarda, regulamentação de visitas, alienação parental, interdição, curatela, dentre outras.

Empiricamente, sabemos que a maior demanda para estudo/perícia social, tal como já indicado por Pismel (1979), ocorre nos processos de guarda e regulamentação de visitas de filhos, seguida de interdição e curatela de adultos. É nas ações que dizem respeito ao convívio de pais e filhos que se apresentam situações de violação de direitos como maus-tratos, abuso sexual e alienação parental. Embora o tema da alienação parental apareça com recorrência permeando as outras ações, a minoria dos processos é classificada como tal.

O fato é que, decorridos quarenta anos da implantação formal do Serviço Social na Justiça de Família, a profissão foi revista de forma radical ao assumir a fundamentação teórica e ético-política marxista como orientação hegemônica. Assim, se no Serviço Social tradicional, pautado pela abordagem individual, o objetivo profissional era, de acordo com Vieira (1981, p. 50) "ajudar a pessoa a resolver seus próprios problemas, seja através de mudanças de atitudes, seja pela utilização dos recursos da comunidade ou por ambos os meios", na contemporaneidade, temos o desafio de contribuir para mudanças estruturais que assegurem direitos sociais, tendo, como devir, uma nova ordem societária que não a capitalista regida pela exploração de classe, raça e gênero.

Nesse contexto de profundas transformações, são muitos os desafios para uma atuação coerente com o projeto profissional, cabendo-nos questionar: quais são as particularidades das atribuições profissionais na Justiça de Família? Temos demarcado nossa identidade profissional nesse espaço ou temos sucumbido às determinações institucionais? Será que nossos estudos/perícias sociais revelam pai, mãe, filhos como indivíduos sociais cujos conflitos familiares são mediados pelas dimensões econômicas, sociais, culturais (raça/etnia, gênero e geração)?

## 1.2 O objeto profissional do Serviço Social: da situação-problema às expressões da questão social

No marco da implantação do Serviço Social na Justiça de Família, estava posto o alinhamento entre o objetivo profissional e o institucional. Entretanto, ao assumir a perspectiva crítica, a profissão passa a "remar contra a maré" do projeto societário capitalista do qual o Judiciário, como um dos poderes de Estado, é fundamental representante. Nesse contexto, a matéria-prima do Serviço Social passa a ser as manifestações da questão social, evidentemente, não se tratando apenas de nova terminologia para "problema social" ou "situação social problema", conforme concepção do Serviço Social tradicional, ou seja, na perspectiva conservadora.

No contexto da tradição marxista, a questão social está circunscrita à emergência da classe proletária e da contradição entre proletariado e burguesia no marco do capitalismo monopolista, sendo conceituada como "a manifestação, no cotidiano da vida social, da contradição entre o proletariado e a burguesia, a qual passa a exigir outros tipos de intervenção mais além da caridade e repressão" (Iamamoto e Carvalho, 1983, p. 77).

Nessa perspectiva, Iamamoto (2001) associa a questão social ao marco da contradição da relação capital-trabalho e da primazia da dimensão econômica na sociedade capitalista, mediatizada por disparidades entre as classes sociais, por relações de gênero, étnico-raciais e culturais: fundamentais para nossas análises nos estudos/perícias sociais que envolvem conflitos familiares.

> A questão social diz respeito ao conjunto das expressões das desigualdades sociais engendradas na sociedade capitalista madura, impensáveis sem a intermediação do Estado. Tem sua gênese no caráter coletivo da produção, contraposto à apropriação da própria atividade humana — o trabalho —, das condições necessárias à sua realização, assim como de seus frutos. [...] A questão social expressa, portanto, disparidades econômicas, políticas e culturais das classes sociais, mediatizadas por relações de gênero, características étnico--raciais e formações regionais, colocando em causa as relações entre amplos segmentos da sociedade civil e o poder estatal (Iamamoto, 2001, p. 16-17).

Além do Serviço Social na Justiça de Família "remar contra a maré", no cotidiano, somos, por vezes, tomadas por um estranhamento profissional frente às particularidades das demandas judiciais em relação à identificação das expressões da questão social. Isso se explica ao realizarmos o contraponto com as demandas da Infância e Juventude que, em sua quase totalidade, as expressões da questão social se colocam no plano do imediato, visto que a população alvo dessa instância, exceto grande parte dos pretendentes à adoção, vivencia a pobreza e a violação de direitos básicos de sobrevivência. Em geral, os processos judiciais dessa instância revelam um antagonismo entre o Estado e a família da criança ou do adolescente, sendo essa representada, na maioria das vezes, pela figura materna.

A dinâmica de trabalho nesse espaço, especialmente quando envolve acolhimento institucional e familiar, enseja o acompanhamento e a articulação do assistente social com os serviços do sistema de garantia de direitos, o que favorece também a percepção de um trabalho mais alinhado com os princípios do projeto profissional, ainda que isso não seja suficiente para concretizá-lo.

Porém, nas demandas da Justiça de Família, o conflito judicial se dá objetivamente entre pessoas, embora possamos analisar que a ausência do Estado possa ter sido determinante para a sua emergência. O estudo/perícia social está circunscrito a um momento específico da vida dos sujeitos envolvidos, raramente se realizando mais de uma avaliação no mesmo processo judicial, sendo mínima a articulação de trabalho com a rede de serviços, o que representa ainda maior responsabilidade para o perito da área de Serviço Social na emissão de seu parecer.

É por causa dessa complexidade que a atuação nas demandas da Justiça de Família chega a ser evitada por alguns assistentes sociais. Trata-se de um trabalho que mais facilmente pode expor o profissional a questionamentos, tendo em vista a dinâmica efetiva do direito ao contraditório — frágil ainda nos processos da Justiça da Infância e Juventude —, do qual faz parte a contestação dos interessados quanto a aspectos dos relatórios e pareceres sociais e, até mesmo, o pedido de sua impugnação. Isso costuma ser solicitado em especial por quem não se sentiu contemplado com o documento produzido.

As expressões da questão social nas demandas da Justiça de Família, muitas vezes, não se revelam no imediato, por estarem veladas pela subjetividade decorrente do conflito relacional-legal. Como aponta Borgianni (2013), aqui se coloca uma armadilha profissional, pois, na aparência, o fenômeno jurídico que emerge é o da disputa de guarda de crianças ou adolescentes por pai, mãe e até mesmo por outros familiares. Entretanto, esse fenômeno também é constituído por conteúdos de natureza social, política e econômica que requerem resolutividade e, portanto, precisam ser por nós apreendidos.

Em consonância com Paula (2015), podemos dizer que o grande desafio do assistente social na elaboração dos estudos/perícias sociais nesse espaço é justamente o desvelamento das expressões da questão social.

Como podemos avançar na produção de estudos/perícias, relatórios/ laudos e pareceres sociais que superem o conhecimento do imediato e a característica predominantemente descritiva dos registros em direção à perspectiva analítica? Por que essa é uma tarefa tão difícil?

Ilumina nossa compreensão saber que essa dificuldade não se põe apenas para o assistente social que atua na Justiça de Família, mas para todo o coletivo profissional. Mioto (2010), refletindo sobre os desafios para o trabalho social com famílias no âmbito da assistência social em alinhamento com a perspectiva crítica, pondera que, por quase três décadas, no contexto de ruptura com o conservadorismo do Serviço Social tradicional a serviço do sistema capitalista e da ordem burguesa, a categoria não realizou estudos e pesquisas sobre o trabalho com famílias.

Podemos dizer o mesmo em relação às particularidades da profissão nas instituições de disciplinamento e controle, tal como o Judiciário, conforme apontado no início deste capítulo, tomando como base Fávero (2005). Enquanto isso, porém, os assistentes sociais continuaram atuando nesses espaços, imersos nas demandas cotidianas, utilizando-se de referenciais teóricos tradicionais ou de outras áreas do conhecimento, em geral, voltados para os aspectos operativos e normativos da instituição, o que desfavoreceu a superação da identidade atribuída institucionalmente e o fortalecimento da identidade a se construir (Martinelli, 2010).

Com efeito, o cotidiano institucional no Judiciário, fortemente marcado pela burocracia e pelas normativas legais, convoca-nos a sucumbir à reprodução mecânica de atividades típicas da "lógica da razão instrumental", funcional e subordinada à racionalidade institucional e capitalista, voltada para resultados imediatos, contrapondo-se à perspectiva emancipatória do projeto que defendemos (Guerra, 2000, p. 16). Como resultante desse processo, temos significativa dificuldade em descolar o objeto profissional do institucional/legal, com vistas a demarcar a competência teórica e ético-política da profissão para além da técnico-operativa.

Porém, para desenvolvermos uma ação profissional alinhada com a perspectiva crítica, temos de nos apropriar do entendimento do método dialético e da discussão sobre instrumentalidade e mediação das relações entre as dimensões da singularidade, da particularidade e da universalidade, presentes na perspectiva marxista da totalidade. As contribuições teóricas de Guerra (2000) e Pontes (2000) são fundamentais para essa discussão, assim como as de Mioto (2001), Baptista (2010) e Paula (2015).

Para a realização de um estudo/perícia social que abarque essas dimensões, é preciso que se articulem os limites postos pelas condições de trabalho com ampla demanda para poucos profissionais e ainda com prazo de cumprimento exíguo. Precisamos dimensionar também que a elaboração do registro representa mais uma aproximação sucessiva de formulação do conhecimento sobre a realidade social estudada.

Nesse aspecto, é preciso que valorizemos essa etapa que, em geral, demanda mais tempo do que o que costumamos destinar para ela. É na elaboração dos registros que algumas questões nos ficam mais claras, que surgem outras hipóteses e a necessidade de complementação do estudo/perícia social. Assim como é nos levantamentos feitos a partir do cotidiano de trabalho e na análise deles que podemos ir desvelando novas dimensões sociais das demandas com as quais trabalhamos e que, no "caso a caso", por vezes, permanecem invisibilizadas.

Por essas questões, entre outras, refletir sobre atribuições profissionais na Justiça de Família, para além da elaboração de estudos/perícias sociais e seus registros, é tão importante.

## 1.3 Atribuições profissionais: o fio da navalha entre demandas institucionais e projeto profissional

A aprovação das atribuições profissionais no Judiciário constituiu importante estratégia para fortalecer a atuação profissional na perspectiva da defesa de direitos, alinhada ao projeto profissional cuja expressão mais evidente está regulamentada no Código de Ética Profissional (1993). Apesar disso, não raras vezes, os assistentes sociais são demandados institucionalmente para exercer atividades incompatíveis com a profissão. O acompanhamento na realização de "busca e apreensão" de crianças e adolescentes, por exemplo, ao longo dos anos, veio sendo foco de embate da categoria, haja vista ferir princípios ético-profissionais na relação profissional com o usuário.

Em São Paulo, após a composição de um grupo de trabalho e a realização de levantamento de dados, a Associação dos Assistentes Sociais e Psicólogos do Tribunal de Justiça do Estado de São Paulo — AASPTJ/SP (gestão 2001/2005) solicitou ao Judiciário paulista a formalização das atribuições profissionais, conforme deliberação coletiva. Como decorrência, em 8/3/2004, foi publicado o Comunicado DRH n. 308/2004, instituindo-as, ainda que não integralmente como deliberado pela categoria.

Do rol de dezesseis atribuições do Serviço Social no Judiciário paulista, quatro se aplicam tanto às demandas da Justiça da Infância e Juventude quanto às da Justiça de Família. A primeira indica o atendimento de determinações judiciais relativas à prática do Serviço Social, conforme a legislação profissional e o Código de Ética, em respeito, portanto, às normativas da própria profissão. As outras três se referem à elaboração de estudo ou perícia social, laudos, pareceres, resposta a quesitos e às ações de orientação, encaminhamento e prevenção sobre questões sociojurídicas.

Tais atribuições referendam a centralidade da elaboração de estudos/perícias sociais e os respectivos registros em forma de relatórios, laudos e pareceres sociais, temática que será debatida no Capítulo II.

As duas atribuições constantes no Comunicado do Departamento de Recursos Humanos n. 308/2004, que podem ser consideradas mais voltadas às demandas da Justiça de Família — "estabelecer e aplicar procedimentos técnicos de mediação junto ao grupo familiar em situação de conflito" e "acompanhar visitas de pais às crianças, em casos excepcionais, quando determinado judicialmente" — exigem reflexão e posicionamento crítico e serão discutidas no decorrer deste capítulo.

Se, no contexto da implantação da profissão no Judiciário, havia alinhamento entre os objetivos institucionais e os profissionais, na atualidade, vivenciamos o distanciamento entre um e outro. Isso tem nos colocado muitos desafios, adensando o tensionamento para afirmarmos nosso projeto profissional.

Desde 2004, o rol de atribuições do assistente social no Judiciário paulista passou por poucas alterações. Porém, em 2016, surpreendentemente, nos deparamos com a Portaria TJSP n. 9.277/2016, republicando atribuições profissionais sem ter sido realizada qualquer discussão a respeito, observando-se sutil mudança em dois itens e a inclusão dos seguintes: cumprir as determinações dos superiores hierárquicos e executar tarefas afins quando o serviço exigir.

Intencionaria o Judiciário a máxima subalternização dos assistentes sociais e também dos psicólogos ao se inserir o "cumprimento de determinações hierárquicas" e a "execução de tarefas afins"? As atribuições definidas pelo coletivo e legitimadas em 2004, em parte, pela instituição, a partir de então, poderiam ser colocadas em xeque?

O primeiro indicativo a confirmar essa hipótese foi a publicação do Provimento da Corregedoria Geral de Justiça n.17/2018, de 8/6/2018, que, visando ao cumprimento da Lei n. 13.431/2017, incluiu a realização de depoimento especial pela equipe técnica multidisciplinar, composta por assistentes sociais e psicólogos judiciários, num contexto de debate e embate travado há mais de dez anos entre o coletivo das categorias profissionais — conselhos e associações representativas — e o Judiciário paulista, tendo em vista a contradição da realização do depoimento especial com os pressupostos éticos das profissões. Tal discussão será pontuada ao se abordar a participação do perito social em audiência.

Nos limites deste texto, faremos apontamentos sintéticos indicando possibilidades de aprofundamento sobre as demandas institucionais da Justiça de Família para atuação do assistente social na mediação de conflitos, no acompanhamento de visitas entre pais e filhos, nas oficinas de parentalidade e nas audiências por meio da prova técnica simplificada e do depoimento especial.

### 1.3.1 Serviço Social e mediação de conflitos

Ao se incluírem "procedimentos técnicos de mediação junto ao grupo familiar" como atribuição do assistente social no Judiciário paulista, em 2004, o sentido era o da utilização de técnicas de diálogo, reflexão e orientação com vistas a ampliar a compreensão dos envolvidos sobre as diferentes dimensões do conflito vivenciado e expresso na medida judicial pleiteada, favorecendo, se possível, o restabelecimento do diálogo entre o par parental. Entretanto, não se tratava da perspectiva de atuação voltada para a conciliação judicial, tal como posta atualmente no Judiciário por meio da mediação de conflitos.

Antes mesmo da aprovação do CPC (2015) e da Lei de Mediação n.13.140/2015, a demanda institucional para o assistente social atuar na mediação ou na conciliação de conflitos, vinha ocorrendo desde a Resolução n. 125/2010 do CNJ, que trata da Política Nacional de Conciliação.

O CPC (2015), por sua vez, na perspectiva de fomento da "cultura de paz", explicitou, em seu artigo n. 694, que "nas ações de família, todos os esforços serão empreendidos para a solução consensual da controvérsia, devendo o juiz dispor do auxílio de profissionais de outras áreas de conhecimento para a mediação e conciliação".

Segundo as normativas, a mediação de conflitos judicial pressupõe a intervenção do mediador, profissional formado há pelo menos dois anos em curso de graduação e com curso específico em mediação, como um terceiro imparcial na relação com as duas partes do conflito. O mediador contribuirá para que os envolvidos cheguem a um consenso e assinem um documento correspondente, que será homologado judicialmente. Enquanto atividade prática, a mediação pressupõe agilidade e oralidade, sendo redigido apenas o termo de acordo, evitando-se o longo percurso do direito ao contraditório, presente no processo judicial.

Em alguns tribunais de outros estados[3], a participação de assistentes sociais na mediação de conflitos familiares vem sendo legitimada e valorizada sob o argumento de favorecer, dentre outras questões, maior espaço de diálogo e reflexão dos envolvidos, contribuindo para a superação da litigiosidade típica do processo judicial.

No Judiciário paulista, tivemos de discutir e rever os pressupostos e implicações dessa atuação, tendo em vista o posicionamento contrário do CRESS-SP, em 2016, quanto a essa atividade. Traremos alguns recortes do tema, focados na crítica formulada por CFESS/CRESS, recomendando a leitura da legislação e dos documentos a seguir mencionados, tendo em vista apresentarem importante panorama histórico legal e analítico da profissão e das referências legislativas pertinentes.

A Nota Técnica do CRESS-SP, de 2016, apresenta a Posição Preliminar sobre Serviço Social e Mediação de Conflitos, fruto de discussão coletiva que não se deu sem embates. Após a emissão dessa nota, a perspectiva era de formulação de normativa nacional. Entretanto, não houve indicativo para tal, conforme Parecer Jurídico n. 24/2016 (CFESS), já que a própria legislação da mediação de conflitos explicita não ser possível o exercício concomitante como mediador e como servidor judiciário.

É preciso referenciar que a regulamentação da mediação/conciliação se dá no contexto mais amplo de reforma do Judiciário e de intensas críticas

---

3. Para conhecer como vem sendo realizado tal trabalho, a partir da ilustração de um conflito familiar que envolve guarda, pensão e divisão de bens, sugerimos consulta a Kruger e Castillo (2008), que relatam a experiência do judiciário catarinense. Recomendamos também a pesquisa de doutorado de Antonio (2013) que relata a experiência do judiciário paulista.

externas frente a sua infraestrutura precária e ao longo tempo de tramitação dos processos judiciais. Importante lembrar que o acionamento individual da justiça é cada vez maior por resultar da contradição entre a ampliação dos direitos sociais no plano legal e a retração do poder público frente a sua responsabilidade social, fortalecendo, por outro lado, sua face punitiva.

Nesse sentido, a busca por resolver os conflitos de forma mais ágil e consensual por meio da conciliação e da mediação visa menos ao acesso da população a uma justiça qualificada e mais à diminuição da quantidade de processos judiciais e tempo de tramitação, com foco na lógica neoliberal da produtividade a que a instituição judiciária está submetida e com a qual compactua.

Sobre isso, o CRESS-SP pondera que, pautada na ideologia da "paz social", numa realidade como a sociedade capitalista brasileira, estruturalmente reprodutora de desigualdades sociais, econômicas e culturais, a mediação de conflitos judiciais representa "flexibilização de direitos ou conformismo pela ausência da garantia dos mesmos". Isso vai de encontro ao projeto profissional que tem como norte o "enfrentamento e superação das expressões da questão social em suas raízes" (CRESS-SP, 2016, p. 25).

Além da contradição central entre a finalidade da mediação de conflitos e a do projeto profissional, analisando a legislação da mediação, destacou-se a incompatibilidade do exercício como mediador, por parte do assistente social inserido como tal na instituição por meio de concurso público. De acordo com a Resolução CNJ n. 125/2010, no que se refere às regras da conciliação/mediação, o item IV do artigo 2º, do Código de Ética de Conciliadores e Mediadores Judiciais, institui a desvinculação da profissão de origem, devendo o mediador "esclarecer aos envolvidos que atuam desvinculados de sua profissão de origem". Também consta do referido item que, "caso seja necessária orientação ou aconselhamento afetos a qualquer área do conhecimento poderá ser convocado para a sessão o profissional respectivo, desde que com o consentimento de todos".

Em face dessa definição constante da Resolução n. 125/2010 e da Nota Técnica emitida pelo CRESS-SP, o Núcleo de Apoio Profissional de Serviço

Social e de Psicologia do Tribunal de Justiça do Estado de São Paulo, criado em 2005, com vistas a assessorar assistentes sociais, psicólogos e magistrados em questões atinentes a área técnica e contribuir para a normatização de procedimentos, realizou debate e estudos para emitir seu entendimento preliminar sobre a atuação do Serviço Social na mediação familiar ou mediação de conflitos. Os objetivos eram orientar os profissionais quanto às determinações judiciais para tal atuação e, ainda, dialogar com o Núcleo Permanente de Métodos Consensuais de Solução de Conflitos, responsável pelas recomendações aos magistrados sobre o tema.

Após levantamento entre os assistentes sociais no Judiciário paulista, o Núcleo concluiu a existência de práticas diversificadas, sejam as formalizadas institucionalmente, como mediação familiar, e outras mais pontuais.

Isso posto, o Núcleo problematizou a incompatibilidade tanto do acúmulo das duas funções quanto de o assistente social trabalhar exclusivamente na mediação, o que acentuaria ainda mais a defasagem existente entre demanda e quantidade de profissionais para efetuar estudos e perícias sociais: atribuição privativa do assistente social e de extrema importância para o Judiciário. Destacou também o aspecto da própria regulamentação da mediação, que impede o mediador de prestar serviço de outra natureza aos envolvidos.

Como decorrência desse processo de discussão, a Corregedoria Geral da Justiça, em seu Comunicado CG n. 1.250/2017, comunicou ser vedada a participação dos assistentes sociais e psicólogos como conciliadores ou mediadores e ainda solicitou aos Magistrados "parcimônia nas determinações de estudos psicossociais antes mesmo da realização de audiência de tentativa de conciliação no CEJUSC", o que vinha ocorrendo em várias comarcas.

A vedação por parte do Judiciário paulista quanto à atuação do assistente social na mediação de conflitos com vistas à produção de acordos judiciais, possivelmente, reduziu a tensão do contexto posto a partir da emissão do documento do CRESS-SP. Todavia, não silenciou o ruído sobre as possibilidades e os limites do exercício profissional do assistente social na Justiça de Família.

Expressariam os assistentes sociais que realizavam ou realizam práticas intituladas mediação de conflitos o incômodo de vários outros quanto aos limites do estudo/perícia social, em geral tão atravessado pela intensa lide e demarcado pela lógica do ganha-perde, culpado-inocente, lógica ainda mais fortalecida com a lei da alienação parental? Poderíamos pensar num trabalho social com famílias que amplie a atuação do assistente social como perito, quando assim se fizer necessário? Temos utilizado entrevistas individuais e conjuntas que favoreçam o diálogo, com vistas a um conhecimento aprofundado da situação em litígio, mas, também, como espaço que favoreça a reflexão dos envolvidos sobre questões em pauta e uma possível conversação entre as partes?

É importante compreendermos que a perspectiva interventiva, para além da produção da perícia social, tal como vimos em Pismel (1979), estava presente na implantação do Serviço Social na Justiça de Família, fortemente demarcada por uma perspectiva psicologizante típica da abordagem individual que informou a profissão por várias décadas. Nesse aspecto, está posto o desafio profissional para o desenvolvimento de um trabalho na perspectiva social crítica sem risco da retomada dessa perspectiva "psi" e sem perder de vista a articulação com os determinantes macroestruturais que incidem sobre os conflitos familiares e que, na dinâmica institucional, são mascarados pelos conflitos legais e individuais.

### 1.3.2 Visita assistida entre pais e filhos

A demanda institucional para o assistente social acompanhar visitas ou encontros entre pais e filhos em conflito é tão antiga quanto problemática. Ela representa a interferência da esfera pública na privacidade das pessoas, fazendo uso do assistente social como aquele que irá fiscalizar o encontro e assegurar a proteção da criança.

Podemos dizer que o coletivo no Judiciário paulista se posiciona contrariamente a essa demanda institucional. Entretanto, essa atividade foi inserida no rol de atribuições, tendo em vista a existência de um espaço na capital para visitas assistidas por assistente social e psicólogo, dentre outros servidores.

O Judiciário na cidade de São Paulo desenvolve há mais três décadas um sistema de visitas entre pais e filhos que ocorre nas dependências de um dos fóruns regionais, em plantões aos finais de semana, com a presença de seguranças e profissionais para monitoramento e fiscalização dos encontros. Enquanto os locais que não contam com tal sistema manifestam interesse em conhecer seu funcionamento para uma possível implantação em sua realidade, os profissionais de São Paulo se manifestaram, algumas vezes, por seu fechamento.

Desde 2006, tal serviço passou por reestruturação, sendo criado o Centro de Visitas Assistidas do Tribunal de Justiça — Cevat, por meio do Provimento CG n. 07/2006 do Conselho Superior da Magistratura, com vistas ao aperfeiçoamento do que vinha sendo desenvolvido. Novamente, em 2017, por meio de Provimento CSM n.2.403/2017, buscou-se seu aprimoramento através da constituição de equipe fixa de assistentes sociais e psicólogos com a função de garantir "efetiva prestação de serviço de assistência, monitoramento e de intervenção terapêutica" para essas visitas.

Nesse documento, está prevista a oferta de oficinas terapêuticas no período de visitação com os objetivos de aproximar visitantes e visitados e fazer o trabalho de mediação familiar. Para tanto, parte-se da hipótese de que as pessoas serão convidadas a participar do processo e também se formará um "grupo de escuta e atendimento" aos guardiães que permanecem fora do espaço institucional. Até meados de 2018, porém, isso não tinha sido efetivado.

Podem ser encaminhadas, para esse espaço, as situações de visitas entre pai ou mãe e filhos que representem risco pessoal na perspectiva dos guardiães e do Judiciário, em que foram esgotadas outras possibilidades de acompanhamento por meio de familiares ou da rede extensa, o que certamente é preferível para os filhos. As visitas ocorrem nesse espaço por seis meses, podendo se renovar por mais seis meses, devendo-se, portanto, após tal período, ser definida judicialmente outra forma de visitação ou mesmo sua suspensão, quando não atenderem à proteção dos filhos.

Temos observado a ampliação da expectativa de pai ou mãe guardião para que as visitas sejam assistidas por profissionais, especialmente em situações em que as crianças estão na primeira infância e esse contato não existiu ou foi rompido. Tal demanda se dá sob diversas alegações, tais como: o receio que o "visitante" possa colocar o filho em risco pessoal por apresentar comprometimento psiquiátrico ou emocional, agressividade, dependência química, ameaça de "fuga" com a criança, negativa da criança em realizar a visita, desconhecimento sobre o local da moradia do "visitante" ou sobre o novo parceiro do não guardião, entre outros. Alguns motivos, por vezes, não apresentam proporcionalidade frente ao significado da intervenção pública na esfera privada, requerendo certamente reflexão junto aos envolvidos.

No contexto do estudo/perícia social, consideramos oportuna a realização de intervenções técnico-operativas que favoreçam a reaproximação entre pai/mãe e o filho. No entanto, ao ser demandado judicialmente o acompanhamento de visitas, é fundamental realizarmos algumas mediações que articulem o sentido da demanda, tanto institucional quanto das pessoas envolvidas, com a nossa competência profissional. Ao recebermos uma demanda específica, compete-nos rever se houve reflexão e orientação sobre as razões que motivaram esse pedido. Vale observar também se foram esgotadas as possibilidades de esse acompanhamento ocorrer por pessoa da rede familiar ou extensa e, se possível, indicar alguma alternativa mais coerente com a proteção dos direitos da criança e do adolescente.

Há, no imaginário de considerável parte dos usuários do Judiciário, a ideia de que existem profissionais disponíveis para essa atribuição, realizando-a em horários que não atrapalhem seus compromissos de trabalho ou estudo. Porém, do ponto de vista profissional, o acompanhamento de visitas e a perícia social são atividades de trabalho, por isso devem estar circunscritas ao espaço e ao horário institucional, sendo necessário que as pessoas envolvidas se organizem frente a esse enquadre.

Alguns assistentes sociais já se depararam com determinações judiciais para acompanhar visitas entre pais e filhos em finais de semana ou em horário noturno, no ambiente doméstico das famílias ou em locais públicos. Isso traz à tona a arbitrariedade e a desconsideração quanto ao enquadre da prestação de serviços do profissional para a instituição judiciária e as particularidades da profissão.

Em síntese, essa é uma questão desafiadora que precisa ser discutida à luz dos fundamentos teóricos, das realidades locais e, principalmente, em articulação com o coletivo profissional. Essa discussão deve visar, sobretudo, à proteção do direito ao convívio familiar, primordialmente, de crianças e adolescentes, identificando e problematizando práticas que sejam violadoras e não protetivas de direitos. A ampliação da discussão coletiva contribui para o fortalecimento da identidade profissional a ser construída, contrapondo-se à atribuída, conforme Martinelli (2010), e investindo na proposição de ações mais coerentes com a identidade profissional alinhada ao projeto profissional, o que pressupõe: "esclarecer qual é o papel do serviço social, e não sucumbir a determinações por vezes sem fundamentação [...]", mobilizando para isso nosso poder profissional balizado no saber especializado. (CFESS, 2014, p. 48).

### 1.3.3 Oficinas de parentalidade

A Recomendação n. 50, de 8/5/2014, do Conselho Nacional de Justiça — CNJ, que versa sobre "a realização de estudos e de ações tendentes a dar continuidade ao movimento permanente pela conciliação", tem como um de seus indicativos a realização de "oficinas de parentalidade como política pública na resolução e prevenção de conflitos familiares", conforme material disponibilizado pelo CNJ.

A experiência pioneira da oficina de pais e filhos, implantada na comarca de São Vicente, no Judiciário paulista, pela juíza responsável, foi a mobilizadora para a organização de material de apoio para multiplicação desse modelo nos tribunais estaduais que tenham interesse em fazê-lo. O material desenvolvido pela juíza abrange o conteúdo a ser utilizado nos cursos presenciais com pais e/ou filhos que vivenciam a separação e também a orientação aos instrutores que realizarão as oficinas, além do curso *online* aos pais, disponibilizado no site do Conselho Nacional de Justiça.

Desde 2015, é possível realizar a Oficina de Pais e Mães on-line[4] e acessar a Cartilha do divórcio para os pais e a Cartilha do divórcio para os filhos[5]. O conteúdo da oficina abrange temas como os diferentes tipos de família, os estágios psicológicos pelos quais os adultos e os filhos passam no processo de separação, as mudanças no comportamento dos filhos, como os pais podem ajudá-los a se adaptarem à nova realidade e como reconhecer uma situação de alienação parental.

Não há diferença entre o conteúdo do curso on-line e do presencial. Destaca-se, entretanto, que o curso presencial é demarcado pela troca entre os participantes sobre as dificuldades vivenciadas. Isso, certamente, enriquece essa experiência. No presencial, recomenda-se ainda a ocorrência simultânea de duas oficinas com pais e mães — possibilitando que o ex-casal fique em grupos diferentes — e também com os filhos.

Observamos, por meio de consulta aos materiais mencionados, a predominância da perspectiva psicológica e a grande carga de informações para poucas horas de oficina, sendo necessário, a nosso ver, maior equilíbrio entre a etapa informativa e a reflexão grupal. Sentimos falta de conteúdos que se reportem mais às dimensões sociais das relações familiares em contexto de separação, divórcio e disputa dos filhos, tais como a construção social da paternidade, da maternidade, do gênero, o descompasso entre as mudanças

---

4. O acesso está disponível no site do CNJ, dentro da área destinada ao Ambiente Virtual de Aprendizagem (www.cnj.jus.br/eadcnj).

5. As Cartilhas para pais e filhos podem ser acessadas nas publicações do CNJ sob o tema "mulher, criança e adolescente". Já os slides e a Cartilha do instrutor para a realização de oficinas presenciais devem ser solicitados por e-mail: conciliar@mj.gov.br.

legais e a vivência das famílias, a importância para os filhos da pertença social e da convivência com ambos os ramos familiares, a desigualdade entre homem e mulher na sociedade, na família, no trabalho e como tais questões se reproduzem na criação dos filhos.

Consideramos que a perspectiva de desenvolver atividades em grupos com pais, mães e filhos poderia ser pensada como uma das possibilidades de trabalho para além do estudo/perícia social. Não se deve desconsiderar, todavia, que isso pode esbarrar em limites, dentre eles, o contexto de precarização de condições de trabalho, articulado ao fato de o assistente social que realiza a oficina estar impedido eticamente de realizar a perícia social dos envolvidos.

### 1.3.4 A participação do assistente social em audiência judicial: a prova técnica simplificada e o depoimento especial

No contexto das mudanças do CPC (2015), visando à agilização do tempo do trâmite processual para "destravar a máquina judiciária", observamos uma ênfase na participação e manifestação oral do perito judicial em audiência. No artigo 464, parágrafos 2º, 3º e 4º, são apresentados alguns mecanismos dessa participação que, a nosso ver, podem representar prejuízo aos interessados no processo e também ao profissional.

O parágrafo 2º trata da possibilidade de se realizar a produção de prova técnica simplificada em substituição à perícia, quando o ponto controvertido for de menor complexidade. Tal prova é esclarecida no §3º como a inquirição de especialistas, pelo juiz, sobre o ponto controvertido da causa que demande especial conhecimento científico ou técnico. Como tal mudança abrange todas as áreas de conhecimento, é provável que, em muitas delas, a prova técnica simplificada possa ser pertinente. Contudo, tendo em vista que o Serviço Social, via de regra, é chamado a avaliar e a emitir seu parecer em situações de média e alta complexidade envolvendo crianças, adolescentes e seus pais, ponderamos que a utilização de tal instrumento poderá comprometer a qualidade da contribuição profissional a ser oferecida. Em geral, as ações judiciais identificadas como de "menor complexidade" sequer são encaminhadas para estudo/perícia social.

Em mais dois artigos do CPC (2015), é fortalecida a perspectiva de participação do profissional em audiência. O artigo 699 afirma que, quando o processo envolver discussão sobre fato relacionado a abuso ou a alienação parental, o juiz, ao tomar depoimento do "incapaz", deverá estar acompanhado por especialista. O art. 751 destaca que, não sendo possível o interditando deslocar-se, o juiz o ouvirá onde estiver, podendo a entrevista ser acompanhada por especialista, conforme parágrafo 2º. Entretanto, não fica claro o que se quer dizer com "especialista" tampouco o objetivo de sua presença nas oitivas a serem realizadas pelo juiz.

Embora a participação de peritos em audiência fosse prevista no CPC anterior (1973) e já fizesse parte das atribuições dos assistentes sociais judiciários, diante da ênfase que lhe foi dada e da complexidade das ações judiciais em que nosso parecer é demandado, as discussões profissionais coletivas referendam que nossa contribuição se dê privilegiadamente por meio do estudo/perícia social, possibilitando pareceres mais contextualizados e assertivos, restringindo-se a participação em audiência.

Essa também é a posição profissional frente à inclusão do depoimento especial como atribuição profissional, conforme contexto no Judiciário paulista, anteriormente referido. Não temos clareza se essa pode vir a ser uma demanda das Varas de Família para o assistente social nos processos de suposta alienação parental, tal como indica a lei. Entretanto, nos limites deste texto, consideramos importante apontar aspectos centrais da crítica ao método e indicar possibilidades de aprofundamento do estudo a respeito.

A Lei n. 13.431/2017, em vinte e nove artigos, estabelece, no ECA, o sistema de garantia de direitos da criança e do adolescente vítima ou testemunha de violência, incluindo a tomada do depoimento especial como procedimento que visa à constituição de prova para julgamento do réu.

Dentre as várias formas de violência física e psicológica contra a criança e o adolescente, além da violência sexual, a lei incluiu o ato de alienação parental que leve ao repúdio do genitor ou que cause prejuízo ao estabelecimento ou à manutenção de vínculo com ele.

Como vítimas ou testemunhas de violência, a criança e o adolescente devem ser ouvidos por meio da escuta especializada e da tomada do depoimento especial. A referida lei define a escuta especializada como procedimento de entrevista realizado no órgão da rede de proteção, limitado o relato ao estritamente necessário para o cumprimento de sua finalidade. Já o depoimento especial é o procedimento de oitiva de criança ou adolescente perante autoridade policial ou judiciária que deve ser realizado uma única vez e requer a preparação de recursos que viabilizem a gravação em áudio e vídeo e a transmissão para o local onde concomitantemente ocorrerá a audiência judicial.

Segundo a lei, o depoimento especial da vítima deve ser colhido como prova para o julgamento do réu, explicitando-se alguns procedimentos que visariam à proteção da criança e do adolescente, prevendo-se a possibilidade de o autor da violência não estar presente na sala de audiência, caso se verifique que poderia prejudicar o depoimento especial ou colocar o depoente em situação de risco.

Os coletivos representativos das categorias do Serviço Social e da Psicologia — conselhos e associações[6] — vêm, ao longo de mais de dez anos, se posicionando sobre a incompatibilidade de essas profissões realizarem a

---

6. O histórico do movimento de resistência do conjunto CFESS/CRESS em articulação com AASPTJ-SP pode ser acessado por meio de consulta aos respectivos sites. Com a aprovação da lei, foi produzido o boletim CFESS Manifesta de 07/08/2017, "Lei 13.431/2017 e Depoimento sem Dano: assistentes sociais não têm obrigação de compor essas equipes". Numa perspectiva interdisciplinar, a publicação organizada em parceria entre CRESS-SP e AASPTJ-SP, de 2012, "Violência sexual e escuta judicial de crianças e adolescentes — a proteção de direitos segundo especialistas", também é fonte para compreender a perspectiva de proteção defendida por quem critica essa metodologia.

inquirição de crianças e adolescentes com o suposto objetivo de sua proteção. Isso se justifica por entenderem que tal fato mascara o real foco: a produção de prova para criminalização do agressor, o qual é, em geral, um membro da família, reproduzindo a perspectiva de fortalecimento do Estado Penal em detrimento do Estado Social.

Borgianni (2012) lembra-nos de que a inserção profissional, nessa área, nos coloca frente ao que intitula como "polaridade antitética" entre a proteção e a responsabilização. Entretanto, a polaridade a ser fortalecida é a da proteção. Afinal, "no nosso Código de Ética, não há nenhum artigo que diga que a minha atribuição é responsabilizar civil ou criminalmente alguém. Isso é, porém, o que, muitas vezes, juízes e promotores estão tentando nos impingir no cotidiano" (Borgianni, 2012, p. 172).

Nesse contexto, a própria vítima se torna o principal meio de prova e se relativiza a importância da perícia/estudo social e psicológico que envolve vários sujeitos da família e não somente a criança e o adolescente. Ressaltando-se, porém, conforme Fávero (2012), que a elaboração da perícia/estudo social, embora institucionalmente tenha o valor de prova no processo judicial, não deve ter como objetivo profissional a punição e a criminalização.

Embora a lei não mencione quais seriam os profissionais especializados que deveriam realizar o depoimento especial e os respectivos conselhos mantenham posição contrária a que assistentes sociais e psicólogos o façam, o Judiciário paulista, conforme já referido, unilateralmente, determinou que a inquirição se torne atribuição para ambas as profissões.

Nessa perspectiva, a demarcação das atribuições profissionais se dá num campo de embate e de difícil negociação entre interesses contraditórios, tornando mais tenso o já "tenso terreno sociopolítico legal", como referido por Iamamoto (2004, p. 263). Isso nos exige a construção coletiva de possibilidades de resistência e busca de alternativas. A tensão está posta não apenas entre o objetivo institucional e o profissional, mas também entre os próprios profissionais. Embora o coletivo CFESS-CRESS represente o projeto profissional na perspectiva teórica e ético-política que, hegemonicamente, informa a profissão, não representa a posição do todo. Há profissionais que não concordam com a vedação da participação na mediação de conflitos e no depoimento especial.

Articulando as atribuições profissionais discutidas com o legado da implantação do Serviço Social na Justiça de Família, pautado no ideário da abordagem individual do qual herdamos a valorização da técnica e das práticas psicologizantes e direcionadas para o ajustamento e o controle social de indivíduos e famílias, concluímos que as particularidades das demandas judiciais nesse espaço, voltadas para o cotidiano relacional da vida privada das famílias, facilmente podem nos convocar para as dimensões do litígio, da busca da "verdade", da culpabilização e punição. Isso implica dizer que o foco está na singularidade das relações interpessoais, sem as mediações com as determinações socioeconômicas e culturais que constituem nosso objeto profissional.

A superação dessa "armadilha" exige denso investimento profissional para realizarmos as mediações que, efetivamente, nos competem e continuarmos a contribuir para o tensionamento. Afinal, sem ele, não haveria movimento nem a expressão da correlação de forças institucionais.

Tendo em vista a centralidade da atuação profissional nas demandas da Justiça de Família por meio dos estudos/perícias sociais e seus respectivos registros, laudos, relatórios e pareceres, dedicamos um capítulo específico ao tema. Consideramos, porém, que todos os capítulos deste livro contribuem para ampliar a fundamentação teórica e analítica dessa atribuição que mais demarca a identidade profissional nesse espaço e representa a "forma social de aparecer" da profissão.

## Capítulo 2
# Desafios profissionais na elaboração de estudo/perícia social e de seus registros e na relação entre perito/assistente técnico na Justiça de Família

Pensar a atuação do assistente social na Justiça de Família é um desafio de significativa envergadura. Cientes disso e do restrito acúmulo de debate dessa temática, nossa perspectiva é levantar pontos que instiguem os profissionais da área a examiná-la com vistas a ultrapassar a imediaticidade, a generalização e a interpretação dos litígios como algo pontual e "problema" daquele indivíduo ou família.

Partimos do entendimento de que a contribuição do Serviço Social para definições judiciais que respeitem direitos de crianças e adolescentes e atentem para seu bem-estar, mesmo com a separação dos pais, pode resultar tanto do processo de realização da perícia social como de seu parecer final. Durante o processo, procedimentos comumente utilizados na perícia social, como entrevistas individuais e conjuntas, nos espaços judiciário e domiciliar, podem oportunizar reflexões e diálogos com e entre os envolvidos em disputas judiciais, o que poderia ser propício para a construção de algum entendimento entre eles, em prol do bem-estar dos filhos. Quando da conclusão da perícia e de seu registro em laudo, com o pertinente parecer social, tem-se a oportunidade de ofertar análise fundamentada de aspectos sociais da situação objeto da lide, o que poderá ampliar a compreensão da(s) autoridade(s) judiciária(s) sobre o assunto e dos sujeitos envolvidos no processo judicial.

Contudo, para que uma perícia social assim se processe, há de se ter clareza quanto ao papel do assistente social nessa atribuição específica, o que exige delinear diretrizes ético-políticas, teórico-metodológicas e técnico-operativas para sua realização. Considerando as questões levantadas no capítulo I, em especial no que diz respeito ao insuficiente acúmulo de produção do Serviço Social na Justiça de Família, indaga-se se o conjunto de assistentes sociais com atuação nessa área tem investido na reflexão e na elaboração de questões preponderantes de seu exercício profissional.

Nossa experiência e o diálogo com colegas dessa área apontam para a necessidade de constância e de aprofundamento no debate dessas diretrizes, inclusive pela crescente complexidade das situações que chegam às Varas de Famílias. Vale ressaltar, também, a importância de o assistente social contar com infraestrutura apropriada para a realização dos procedimentos comumente utilizados em uma perícia, que deve ser assegurada pela instituição empregadora, de modo a garantir qualidade ética e técnica, conforme disposto na Resolução CFESS n. 493/2006.

## 2.1 O estudo/perícia social na Justiça de Família

Na história do Serviço Social, os estudos sociais já tiveram diferentes bases analíticas, conforme afirmam Fávero (2014) e Mioto (2009). Para os fins deste texto, centramo-nos na perspectiva histórico-crítica, base do projeto ético-político da profissão e, em consequência, de apreensão e análise da dimensão social dos litígios de famílias.

No espaço da Justiça de Família, o respeito ao usuário-cidadão passa por uma leitura da situação por ele apresentada, tendo como foco a defesa dos direitos humanos e, dentre esses, especialmente os sociais, e o respeito à diversidade das diferentes configurações de famílias e de outros núcleos da vida social. Além disso, a centralidade no social, que é a área para a qual estamos supostamente preparados para trabalhar, pode representar eficácia, do ponto de vista técnico e ético, em nossa atuação.

Nessa direção, cabe ao profissional se perguntar: que expressões da questão social estão embutidas na lide posta pelo processo judicial em questão? Que direitos estão preservados e que direitos estão violados? A investigação teórico-metodológica sobre temas que têm emergido nas disputas entre ex-cônjuges faz parte de nosso cotidiano de trabalho? Na elaboração de laudos, buscamos privilegiar a análise social da situação em vez de sua descrição? Nossas análises guardam pertinência com a especificidade do Serviço Social? Se há necessidade de descrever algo da situação em análise, fazemos isso de forma a evitar a exposição dos sujeitos e o acirramento do litígio?

O debate sobre estudo/perícia social, atribuição privativa do/a assistente social, conforme estabelecido no artigo 5º da Lei n. 8.662/1993, está consideravelmente subsidiado nas produções de Fávero (2013 e 2014), de Mioto (2009), de CFESS (2014), de Martins (2017) e de Fuziwara (prelo), restando aqui levantar alguns pontos para reflexão sobre sua especificidade no Judiciário. A Resolução CFESS n. 557/2009, que dispõe sobre a emissão conjunta de pareceres, laudos, opiniões técnicas entre o assistente social e outros profissionais, também alicerça esse debate, assim como o Comunicado CG n. 1.749/2017 (TJSP), que trata da prerrogativa de escolha dos instrumentos de avaliação dos Setores Técnicos.

As produções aqui referidas deixam claro ser indispensável, em estudos/perícias sociais e seus registros, análises sociais, devidamente fundamentadas, da realidade social dos sujeitos envolvidos nas ações judiciais, de modo a contribuir para o acesso, a promoção e a defesa de seus direitos.

Nesse sentido, o conteúdo deste texto visa a oferecer subsídios que podem contribuir para alicerçar a atuação do assistente social na Justiça de Família.

Acrescente-se que, no âmbito do Serviço Social, o estudo/perícia social tem como particularidade a investigação de expressões da questão social presentes nas situações que constituem objeto da disputa judicial para as quais está voltado o trabalho do assistente social, cabendo ao profissional identificá-las e analisá-las fundamentadamente. Esse nos parece ser o grande desafio de assistentes sociais, quando da realização de estudos/perícias sociais, e a análise de alguns aspectos pode contribuir para seu enfrentamento.

A contextualização social da vivência conjugal e a análise dos pactos estabelecidos para a organização familiar na vigência da união conjugal, assim como da organização de vida pós-separação, podem favorecer a apreensão de possíveis reproduções de desigualdades no âmbito da ocupação profissional, de rendimentos, das relações de gênero no casamento (assimetrias de poder na definição de questões da vida familiar, como a administração de atividades domésticas e das relações com o meio social), autoritarismo ou até violências nas relações parentais, além de outras associadas a questões étnico-raciais.

Nesse sentido, Fávero (2013, p. 523) refere-se à importância de uma "[...] investigação rigorosa da realidade social vivida pelos sujeitos e grupos sociais envolvidos nas ações judiciais, desvelando a dimensão histórico-social que constrói as situações concretas atendidas no trabalho cotidiano".

Espera-se que a análise dessas questões possa resultar em contribuição, por meio de estudos/perícias sociais, para o acesso, a promoção e a defesa de direitos dos sujeitos envolvidos na disputa judicial, em especial de crianças e adolescentes. Dentre esses direitos, está o de convivência social, que constitui, em nossa perspectiva, sua finalidade no âmbito da Justiça de Família.

A convivência social, enquanto processo sociorrelacional, da qual faz parte a convivência familiar e comunitária, transcende responsabilidades individuais e familiares por ser também de responsabilidade pública estatal. Com efeito, a convivência pode se constituir em espaço de proteção e de reconhecimento, mas também de humilhação, de desqualificação e de subalternização, conforme refere Torres (2013)[1]. Por tais razões, a investigação e a análise da convivência social das famílias em litígios requer, por parte dos profissionais, apropriação de conteúdos das dimensões teórico-metodológica e ético-política que possam iluminar a apreensão dessas questões.

A responsabilidade pública estatal relativa à convivência social está respaldada nas políticas públicas, entre elas a Política Nacional de Assistência Social — PNAS, que se constitui em política de Seguridade Social não contributiva, e tem como um de seus objetivos a proteção social de famílias, indivíduos e grupos que dela necessitarem. Os serviços da proteção social visam a garantir a segurança de Sobrevivência, de Convívio e de Acolhida.

A Segurança de Convívio, de acordo com a PNAS (2004), pressupõe a não aceitação de situações de reclusão e de perda das relações e ressalta, na perspectiva do direito ao convívio, as interações multiculturais, geracionais, territoriais, entre outras. Acrescentamos aqui as interações religiosas e raciais, que também são significativas quando se trata de convivência social.

É possível que, nos litígios de famílias, para além das desigualdades socioeconômicas e de gênero, as quais resultam, geralmente, em desigualdade de poder, estejam condensadas muitas dessas outras questões, independentemente da camada social a que pertença a família. Aspectos relativos a interações multiculturais, geracionais, territoriais, religiosas e raciais que, por vezes, geram desagregação entre as famílias, nem sempre se expressam claramente e, por isso mesmo, requerem dos profissionais cuidadosa investigação, de modo a preservar ou a restabelecer o direito de crianças e adolescentes à convivência social, quer nos dois ramos parentais, quer em seus territórios de vivência anteriores à separação dos pais, ou seu afastamento em caso de situações cujo convívio constitua risco.

Estamos, assim, nos movimentando no terreno das expressões da questão social, conforme definição constante no item 1.2 do Capítulo I, cujo

---

1. Sobre convivência social, ver também o Caderno do MDS "Concepção de Convivência e Fortalecimento de Vínculos", disponível em: http://www.mds.gov.br/webarquivos/publicacao/assistencia_social/Cadernos/concepcao_fortalecimento_vinculos.pdf. Acesso em: 04 jul. 2018.

rebatimento no âmbito familiar acarreta restrição de muitos direitos. Em relação a crianças e adolescentes tem, historicamente, resultado em distanciamento, cerceamento e até mesmo impedimento do convívio social delas com os dois ramos parentais. Isso é expresso, muitas vezes, por um dos pais, ou por outra pessoa responsável, persistindo em afastar o outro genitor do contato direto e frequente com o filho. Embora isso tenha ocorrido desde sempre, na atualidade, existe uma nova leitura em curso, impulsionada por uma parcela de pessoas, talvez mais comumente de camadas sociais médias, mas também de camadas populares, que busca a manutenção de um convívio paterno-filial mais próximo, no pós-separação conjugal. Isso talvez seja reflexo de uma possível mudança sobre ideais relativos à parentalidade, conforme consta do capítulo IV.

Retomando aspectos que dizem respeito a condições para realização de estudo/perícia social, em especial no TJSP, o Comunicado CG n. 1.749/2017 recomenda aos juízes que facultem aos assistentes sociais "a prerrogativa de escolha dos instrumentos de avaliação (análise de documentação, observação, entrevista, visita domiciliar, entre outros)". Em tese, esse comunicado seria desnecessário, tendo em vista que essa garantia está prevista no artigo 2º do Código de Ética do/a Assistente Social. Contudo, a excessiva hierarquização do Poder Judiciário abre espaço para a não preservação da autonomia profissional, resultando em comunicados de teor dessa natureza.

Nessa discussão sobre instrumentais do Serviço Social, o que nos parece merecer reflexão é a forma como os profissionais os manejam na realização de estudos/perícias sociais. A entrevista, por exemplo, constitui um processo de diálogo? A entrevista no domicílio tem privilegiado a compreensão da ambiência familiar e do território de vivência das famílias e suas mediações nesse espaço, incluindo o acesso a serviços derivados das políticas sociais? A visita a outros espaços de convívio de crianças e adolescentes sujeitos de estudos/perícias sociais tem oportunizado a apreensão da convivência social para além da esfera familiar? Esses aspectos são registrados e analisados em relatórios e laudos sociais de forma clara, coerente e consistente?

Para além do laudo resultante de estudo/perícia social, cujo teor deve ser predominantemente analítico e finalizar com um parecer social da situação examinada, existem certas demandas na Justiça de Família que poderiam ser supridas por um parecer social.

Sobre isso, Fávero (2014, p. 58) afirma que:

> O parecer social diz respeito a esclarecimentos e análises, com base em conhecimento específico do Serviço Social, a uma questão ou questões relacionadas a decisões a serem tomadas. Trata-se de exposição e manifestação sucinta, enfocando-se objetivamente a questão ou situação analisada e os objetivos do trabalho solicitado e apresentado; a análise da situação, referenciada em fundamentos teóricos, éticos e técnicos, inerentes ao Serviço Social — portanto com base em estudo rigoroso e fundamentado — e uma finalização, de caráter conclusivo ou indicativo.

O diálogo em espaços coletivos de profissionais atuantes em Varas de Famílias e também com colegas no cotidiano de trabalho tem nos indicado que, por vezes, o Serviço Social recebe demandas que requerem um parecer sobre o assunto, devidamente fundamentado em produções da profissão sobre a questão, mas não exigem, necessariamente, a realização de uma perícia ou a apresentação de um laudo social. Nessa direção, Ferreira (2018) refere-se à oferta de parecer nas situações de retificação do registro civil para pessoas transexuais e travestis. O autor cita que um grupo de profissionais do Serviço Social e de outras áreas do saber, com experiência em Porto Alegre, nos processos judiciais relativos a essas situações, propôs o uso de parecer em vez de laudo.

Em relação a parecer social, Moreira e Alvarenga (2014, p. 102), ao refletirem sobre o tema a partir de experiência na política previdenciária pública, afirmam que o parecer social deve estar fundamentado em estudo social da situação em foco e exprimir "[...] a opinião profissional sobre a referida situação em consonância com o objetivo que gerou a solicitação do parecer social".

Os posicionamentos dos autores relacionados nessa discussão levam-nos ao entendimento de que, para elaboração de um parecer social, a dimensão teórica, a ética e a técnica, assim como o objetivo para o qual foi solicitado o referido procedimento, são elementos-chave desse processo. A apurada análise social da situação em foco emerge como aspecto primordial, cabendo ao profissional definir os procedimentos a serem utilizados, o que estará associado à questão central da situação em avaliação. Também compete aos assistentes sociais da Justiça de Família avaliar e definir as demandas nas quais seria indicada a apresentação de um parecer social em vez de um laudo social.

O relatório ou laudo social, como já vimos, constitui prova pericial no processo judicial, mas não podemos perder de vista o dever de produzi-lo na direção da garantia de direitos e não como instrumento de classificação e disciplinamento dos sujeitos envolvidos.

Embora os aspectos aqui referidos tenham sido apresentados para alicerçar a discussão sobre perícia social, muitos deles podem ser pensados também para a atuação do assistente técnico da área de Serviço Social nos processos de Justiça de Família, conforme veremos no tópico seguinte.

## 2.2 A atuação do perito social e do assistente técnico

A atuação do assistente social como perito social e como assistente técnico está respaldada na Lei n. 8.662, de 7 de junho de 1993, que dispõe sobre a profissão de Assistente Social, em especial, no artigo 5º, que define as atribuições privativas do Assistente Social. Os dois profissionais respondem, igualmente, aos preceitos do Código de Ética do Assistente Social, de 13 de março de 1993. Também o CPC, Lei n. 13.105, de 16 de março de 2015, trata dessa matéria no artigo 361, ao dispor sobre "Audiência de Instrução e Julgamento" e, nos artigos 464 a 480, ao dispor sobre "Prova Pericial".

A explicitação da presença do assistente técnico em procedimentos técnicos do perito, conforme § 2º do art. 466, foi um dos pontos mais discutidos no Judiciário paulista e polêmico em relação às mudanças advindas do CPC (2015). A discordância profissional quanto à participação de advogados ou de assistentes técnicos em procedimentos técnico-operativos — entrevistas realizadas no Fórum ou no domicílio com os sujeitos do processo judicial —, para a realização de estudo social, resulta de um embate pautado em questões éticas inerentes ao sigilo e à autonomia profissional.

O entendimento é que isso contribuiria para o agravamento do litígio e a violação de direitos da parte contrária envolvida na ação judicial, podendo reproduzir relação desigual de poder já existente entre os sujeitos do processo judicial. E, ainda, atinge o princípio do sigilo profissional descrito nos artigos 15 a 17 do Código de Ética do Serviço Social e contraria o artigo 11, ao qual está sujeito inclusive o assistente técnico dessa área, que veda ao assistente social "intervir na prestação de serviços que estejam sendo efetuados por outro profissional, salvo a pedido desse profissional; ou quando se tratar de trabalho multiprofissional e a intervenção fizer parte da metodologia adotada".

Para melhor compreender o que se processou a partir da publicação do último CPC, é interessante revisitar normativas anteriores sobre esse assunto. Nesse sentido, vemos que o antigo CPC (1973) regulava alguns aspectos relativos à perícia judicial e ao papel do perito e do assistente técnico, prevendo até mesmo um trabalho conjunto, desde que não houvesse divergência entre ambos. Os artigos 430/431 (CPC-1973) indicavam que o perito e os assistentes técnicos, depois de averiguação individual ou em conjunto, dialogariam reservadamente e, havendo acordo, elaborariam laudo unânime. Se houvesse divergência entre ambos, cada qual escreveria o laudo em separado, dando as razões em que se fundamentou. Entretanto, tais artigos foram revogados com a aprovação da Lei n. 8.455/1992.

Nesse contexto legal anterior à mudança do CPC (2015), atendendo a demandas éticas apontadas especialmente por psicólogos do Judiciário paulista, foi publicado o Comunicado do Núcleo de Apoio Profissional de Serviço Social e Psicologia do TJSP, no Diário da Justiça Estadual — DJE, de 16/12/2008, traçando algumas diretrizes para a relação entre o assistente social e/ou psicólogo na posição de perito e de assistente técnico.

Embora seja evidente que o assistente técnico deva ser da mesma profissão que o perito judicial, já que emitirá seu parecer a respeito do trabalho pericial, nem sempre essa premissa era respeitada. Diante disso, tal documento registra que deve ser "[...] o Assistente Social e/ou Psicólogo Assistente Técnico o profissional capacitado para questionar tecnicamente a análise e conclusões realizadas pelo Assistente Social e/ou Psicólogo Perito".

Sobre a relação entre o perito e o assistente técnico, o comunicado destaca a perspectiva da colaboração, recomendando que: "[...] o material coletado proveniente da avaliação social ou psicológica seja compartilhado com o outro assistente social ou psicólogo, mediante anuência das partes por escrito [...]". A troca de ideias entre os dois profissionais também foi prevista no referido documento: "[...].sendo indicado também a realização de reuniões para início e conclusões dos trabalhos."

A partir dessa regulamentação, os conflitos entre perito e assistente técnico foram amenizados, até que foi aprovado o CPC (2015), renovando-se a demanda quanto à presença do assistente técnico nas entrevistas sociais e também nas visitas domiciliares. Em seu artigo 466, § 2º, está explícito que "o perito deve assegurar ao assistente das partes o acesso e o acompanhamento das diligências e exames que realizar, com prévia comunicação nos autos".

A mobilização dos assistentes sociais que atendem exclusivamente demanda da Justiça de Família na capital foi importante para a retomada da discussão por parte do Núcleo de Apoio Profissional, cujo parecer resultou na publicação do Provimento CG n. 12/2017, que incluiu parágrafo único no art. 803 do Tomo I das NSCGJ, esclarecendo que o acompanhamento das diligências, mencionado no § 2º do art. 466 do Código de Processo Civil, "[...] não inclui a efetiva presença do assistente técnico durante as entrevistas dos psicólogos e assistentes sociais com as partes, crianças e adolescentes." Inclui, porém, a possibilidade de reunião entre perito e assistente técnico, se houver interesse deste, com a devida informação nos autos.

A publicação do Provimento CG n. 12/2017 tem amparado a prerrogativa da ética e da autonomia profissional, mas a construção da relação profissional entre perito e assistente técnico é um campo aberto, tendo como norte a perspectiva da garantia do direito à convivência familiar e comunitária e da competência teórica e ético-política. Enquanto o papel da perícia social tem maior definição, o mesmo não ocorre com o trabalho do assistente técnico.

O perito social é o assistente social que realiza estudo/perícia social abrangendo tanto os sujeitos que desencadearam o processo judicial como aqueles a quem o processo está direcionado, sendo sua nomeação prerrogativa do juiz. O produto final de seu trabalho é o laudo social e seu correspondente parecer, que abordará, portanto, a situação social de todos os envolvidos naquele processo. Além das normativas legais citadas, a atuação do profissional, no caso de assistentes sociais do TJSP, também tem por base as atribuições definidas por essa instituição, conforme já mencionado no capítulo inicial deste livro.

O assistente técnico, por sua vez, é o assistente social contratado pela pessoa que desencadeou o processo ou pela pessoa a quem se dirige o processo ou, ainda, no caso de assistência jurídica gratuita, por assistentes sociais que fazem parte do quadro da Defensoria Pública, devendo ele realizar estudo social somente daquele que lhe contratou e apresentar o correspondente relatório social[2]. Considerando os ritos processuais que preveem o amplo direito de defesa e do contraditório, a participação do assistente técnico no processo judicial visa a responder a esses direitos "[...] que se propõem sintonizados com o princípio da democracia, em que as partes podem usufruir

---

2. Conforme já informamos, estamos utilizando os termos "estudo" e "perícia" sociais como sinônimos, embora em Fávero (2014, p. 54) conste, como distinção entre um e outro, que a perícia social, realizada por meio de estudo social, é assim denominada "[...] por se tratar de estudo e parecer cuja finalidade é subsidiar uma decisão, geralmente, judicial". Quando usamos o termo "laudo social", estamos nos referindo ao documento produzido pelo perito social; ao registro escrito do assistente técnico da área social, estamos nomeando de relatório social.

o direito de opinarem e questionarem afirmações feitas no processo e, no caso, afirmações que tenham caráter técnico" (CFESS, 2014, p. 49).

A atuação do assistente técnico em um processo de Vara de Família começa, geralmente, com a formulação de quesitos e sua posterior inclusão nos autos pelo advogado da parte contratante. Resguardar a especificidade do Serviço Social e privilegiar aspectos preponderantes do objeto da situação social da disputa na formulação dos quesitos é uma forma de contribuir para o aprimoramento das perícias sociais. Nessa direção, a formulação e a apresentação de pertinentes quesitos requer prévio e cuidadoso exame dos autos, além de investigação teórica dos principais temas da situação social em causa, com vistas a favorecer análises sociais primordiais à lide e a oferecer efetiva contribuição para que as autoridades judiciárias tomem decisões que assegurem os direitos e o bem-estar de crianças e adolescentes, sujeitos daquele processo.

A postura do perito social frente a quesitos formulados pelo assistente técnico tem sido, costumeiramente, a de abordá-los no corpo do laudo, o que nos parece coerente. O assistente social, de acordo com o Código de Ética, tem o dever de "desempenhar suas atividades profissionais, com eficiência e responsabilidade, observando a legislação em vigor" (Art. 3º, item a), o que é precedido por seu direito à "liberdade na realização de seus estudos e pesquisas, resguardados os direitos de participação de indivíduos ou grupos envolvidos em seu trabalho" (Art. 2º, item i).

Reinterpretar os quesitos resguardando a dimensão técnica e ética do Serviço Social é papel do perito social (CFESS, 2014). A consideração e o respeito ao trabalho do colega assistente técnico devem se concentrar na observação das questões subjacentes aos quesitos levantados e na abordagem de tais questões no laudo social e não necessariamente em respostas pontuais.

A possibilidade de agendamento de reunião entre perito social e assistentes técnicos para exposição da metodologia e discussão do caso, conforme estabelecido no Provimento em referência, ainda carece de debate para que possa se constituir em contribuição efetiva para as avaliações sociais do perito e dos assistentes técnicos. Considerando a complexidade dos processos atuais, a própria pluralidade de formas de ser família e a atual realidade social brasileira, entre outros aspectos, isso talvez exija múltiplos e elaborados procedimentos técnicos para a realização de uma perícia social que contemple as várias nuances da situação. Afinal, a reflexão conjunta entre esses profissionais, desde que todos estejam compromissados com a defesa e a proteção de direitos de crianças e adolescentes, poderia promover um entendimento mais aprofundado das questões preponderantes do objeto da situação social que ensejou o processo judicial.

É possível que os diferentes entendimentos sobre o teor do documento a ser apresentado em juízo pelo assistente técnico, por vezes pautado também na ideia de fiscalização ou de avaliação do trabalho do perito, dificultem um diálogo fecundo com o perito social. Temos observado que parcela dos assistentes técnicos apresenta um relatório social cujo teor privilegia a discussão do constante no laudo social e, em alguns casos, de modo adversário, o que pode resvalar em desqualificação do trabalho realizado pelo perito social, deixando de registrar análise fundamentada do estudo por ele realizado.

Outros assistentes técnicos retratam, em seu relatório social, tanto uma análise social específica e pormenorizada da situação da parte contratante, fruto do estudo social por ele realizado, quanto uma discussão sobre o teor do constante no laudo apresentado, salientando pontos levantados pelo perito social, afirmando-os ou divergindo deles. Desse modo, evidenciam os direitos da criança/adolescente, em conformidade com as especificidades da configuração daquela família a quem corresponde seu trabalho.

É certo que tanto o perito social quanto o assistente técnico devem "empenhar-se na viabilização dos direitos sociais dos/as usuários/as, através dos programas e políticas sociais", conforme preceitua o artigo 8º do Código de Ética do(a) Assistente Social, neste caso, na defesa de direitos de criança(s) e adolescente(s). Também não pode restar dúvida de que as possíveis críticas do assistente técnico sobre o teor constante do laudo social devem ser apresentadas em seu relatório social, de forma "objetiva, construtiva e comprovável", de acordo com o estabelecido no item f, do artigo

10 do Código de Ética do(a) Assistente Social, que trata das Relações com Assistentes Sociais e outros/as Profissionais.

Por essas razões e por entender que os relatórios dos assistentes técnicos também podem ser fonte para as autoridades judiciárias ampliarem e aprofundarem seu entendimento, no âmbito social, sobre o objeto da disputa judicial, consideramos que o conteúdo desse documento deve estar permeado por análise social da situação da parte contratante. E essa análise precisa ser fundamentada em diretrizes ético-políticas, teórico-metodológicas e técnico-operativas compatíveis com o projeto ético-político da profissão. Assim, concebemos o relatório a ser apresentado pelo assistente técnico como o registro de uma análise social da situação objeto do estudo social realizado, havendo um item específico no qual se dialoga, fundamentadamente, sobre o constante no laudo apresentado pelo perito, constando, ao término, a análise final e o parecer social do assistente técnico.

Nessa mesma linha de defesa do rigor técnico e ético na atuação dos profissionais em processos da Justiça de Família, entendemos que a realização de estudos sociais e seu registro em laudo/relatório/parecer sociais requer aprimoramento do conhecimento em Serviço Social, alinhamento ao projeto ético-político da profissão e domínio de temas relativos à questão-foco da situação social que motivou o processo judicial.

Também se deve considerar o possível (auto)impedimento do assistente técnico para assumir determinada causa. Embora no artigo 466, § 1º, do CPC/2015, conste que "Os assistentes técnicos são de confiança da parte e não estão sujeitos a impedimento ou suspeição", cabe ao profissional indagar-se quanto a assumir toda e qualquer causa, sendo oportuno refletir sobre seu preparo técnico para assumir aquela determinada causa, sobre a necessidade de busca de supervisão, com vistas a aprimorar seu trabalho e se, do ponto vista ético, todas as causas são aceitáveis, mesmo considerando o direito à ampla defesa.

Por fim, há de se considerar que a participação do perito social e do assistente técnico, amparada em normativas legais, aponta para a possibilidade de interpretações de uma mesma situação social, a partir de diferentes aspectos e visões. Nesse sentido, o documento do CFESS (2014, p. 49) que discute a atuação de assistentes sociais na área sociojurídica refere: "A figura do/a assistente técnico/a é a expressão máxima de que não existe uma verdade absoluta e inquestionável — tampouco aquela produzida pela perícia". Acrescenta, ainda, a nosso ver em defesa de um diálogo objetivo e construtivo entre assistente técnico e perito social: "A depender dos interesses em disputa, do referencial teórico, diferentes narrativas e conclusões podem ser produzidas sobre um determinado fato" (CFESS, 2014, p. 49).

Aqui estão expostas questões complexas, que ensejam continuada reflexão, e nossa pretensão foi a de instigar a problematização desse tema, em especial, por se tratar de contribuições de assistentes sociais, mesmo que posicionados em diferentes lugares de uma mesma disputa judicial, para efetivação do direito de crianças e adolescentes à convivência social (familiar e comunitária) em condições dignas.

## Capítulo 3
# Famílias:
## uma abordagem social

Não há como desconsiderar as grandes transformações das famílias ocorridas, sobretudo, na segunda metade no século XX[1]. Como afirma Therborn (2006, p. 15), "[...] é fácil perceber que muitas das mais dramáticas mudanças na família — como vistas hoje — de fato ocorreram após os primeiros anos da década de 60 [...]"[2]. Essas mudanças, que refletem o movimento da sociedade em vários aspectos, abrangem tanto a busca pelas liberdades individuais quanto pela segurança do convívio e, de alguma forma, estão traduzidas na legislação vigente.

No Brasil, a Constituição Federal — CF, de 1988, formalizou, ao menos em parte, mudanças que vinham se processando na sociedade e se constituiu

---

1. Anteriormente, a família moderna vivenciou outras grandes mudanças advindas dos impactos da Revolução Industrial, que teve seu início no século XVIII: migração da população do campo para a cidade, significativo deslocamento do trabalho artesanal para o fabril e suas consequentes longas jornadas diárias de trabalho, em condições precárias, para homens, mulheres e crianças. Essas mudanças impeliram as famílias a redefinirem a organização de vida e a sociabilidade que lhes eram comuns até então (Melo, 2010).

2. Para Therborn (2006, p. 11-12), "a família é um espaço cercado nos campos de batalha abertos pelo sexo e pelo poder, delimitando a livre competição através de fronteiras entre membros e não-membros; substituindo o comércio livre e o combate perpétuo por direitos e obrigações. Como tal, a família é uma instituição social, a mais antiga e mais disseminada de todas".

em marco divisório na concepção de família, ao defini-la de forma mais abrangente, se comparada às anteriores e, no plano legal, deu suporte para que a mulher se libertasse do poderio do marido. O artigo 226 reconhece a formação das famílias a partir do casamento e da união estável entre o homem e a mulher, assume como entidade familiar também o agrupamento formado por qualquer dos pais e seus descendentes e, em relação à sociedade conjugal, estabelece a igualdade no exercício de direitos e deveres pelo homem e pela mulher. Dispõe, ainda, sobre a responsabilidade do Estado no que diz respeito à assistência à família e à criação de mecanismos que coíbam a violência no âmbito de suas relações.

Embora se observe, nesse artigo 226 da CF de 1988, um avanço na concepção de famílias, tanto por ampliar o entendimento de entidade familiar quanto por postular equidade entre marido e mulher, constata-se a omissão em relação às uniões estáveis formadas por pessoas do mesmo sexo, reconhecidas pelo Supremo Tribunal Federal, em 2011, e às composições familiares que extrapolam aquelas formadas pelo casal e seus filhos ou por um dos pais e seus descendentes.

Não obstante a lacuna em relação a algumas configurações familiares, o avanço de concepção registrado na última Carta Magna desencadeou a formulação de uma série de leis que têm incidência sobre as famílias. Essas normativas refletem os interesses de diferentes setores da sociedade, de modo que não se pode falar de uma direção única ou de um movimento linear e evolutivo em prol de assegurar direitos individuais e sociais ou, em outras palavras, em prol da segurança do convívio e, ao mesmo tempo, da promoção da liberdade e da autonomia pessoais.

Entre essas normativas está a Lei n. 8.742/1993, que dispõe sobre a organização da Assistência Social e tem o escopo de proteção à família, à maternidade, à infância, à adolescência e à velhice. Em 2011, essa lei foi alterada pela de n. 12.435/2011, que instituiu o Sistema Único de Assistência Social, cujo propósito é regular e organizar as ações socioassistenciais em todo o território nacional.

Em relação à infância e juventude, destacamos: (i) Estatuto da Criança e do Adolescente — ECA (Lei n. 8.069/1990), com suas alterações posteriores; (ii) Estatuto da Juventude (Lei n. 12.852/2013), que estabelece os direitos dos jovens, princípios e diretrizes das políticas públicas de juventude e o Sistema Nacional de Juventude — SINAJUVE; (iii) Lei n. 13.058/2014, que define a guarda compartilhada e dispõe sobre sua aplicação, alterando os artigos 1.583, 1.584, 1.585 e 1.634 do Código Civil de 2002, entre outras.

Das leis mais diretamente associadas à mulher, merecem destaque: a Lei n. 11.340/2006 (Lei Maria da Penha), que estabelece mecanismos para proteger e amparar judicialmente a mulher contra a violência doméstica e familiar, e a Lei n. 13.104/2015, que prevê o feminicídio como circunstância qualificadora do crime de homicídio e o classifica como crime hediondo.

Em relação ao idoso, ressalte-se a promulgação, em 2003, do Estatuto do Idoso (Lei n. 10.741/2003), que regulamenta os direitos assegurados às pessoas com idade igual ou superior a sessenta anos.

Essas leis condensam certo avanço no que diz respeito à formalização de direitos, mas a sociedade brasileira permanece repleta de contradições, de desigualdades, de tensões, de avanços e retrocessos que atravessam as famílias. E elas vivenciam, de modo ambivalente, essas questões. O Estatuto das Famílias (PLS n. 470/2013) e o Estatuto da Família (PL n. 6583/2013), projetos em tramitação no Congresso Nacional, são representativos da coexistência de movimentos que, em relação às famílias, indicam direções divergentes.

O PLS n. 470/2013 — Estatuto das Famílias — apresenta visão mais abrangente e plural de famílias. No artigo 3º, consta a proteção do Estado à família "em qualquer de suas modalidades" e às pessoas que dela fazem parte. Além disso, institui princípios fundamentais para interpretação e aplicação da lei, como a igualdade das entidades familiares e a parental (art. 5º), define o parentesco a partir da consanguinidade, da socioafetividade e da afinidade (art. 9º), estabelece os mesmos deveres para "a pessoa casada, ou que viva em união estável e que constitua relacionamento familiar paralelo com outra pessoa" (Parágrafo Único, do Art. 14) e reconhece como entidade familiar a formada a partir do casamento (Art. 35) e da união estável entre duas pessoas (Art. 61), as monoparentais e as pluriparentais (Art. 69) e as recompostas (Art. 70).

O PL n. 6.583/2013 — Estatuto da Família — ao definir entidade familiar, concebendo-a como sendo o "núcleo social formado a partir da união entre um homem e uma mulher, por meio de casamento ou união estável, ou ainda por comunidade formada por qualquer dos pais e seus descendentes" (artigo 2º), não contempla a realidade atual e retrocede inclusive em relação a normativas legais, a exemplo de uniões entre pessoas do mesmo sexo, que já estão legalmente amparadas. Estabelece, no artigo 3º, a obrigação do Estado, da sociedade e do Poder Público em relação à proteção dessa entidade familiar, no que se refere aos direitos sociais constitucionais. O artigo 12 também tem teor questionável ao registrar o dever de as escolas, em seu ambiente, formularem e implantarem medidas de valorização da família. Do mesmo modo, há de se avaliar criticamente o constante no artigo 14, ao criar os conselhos da família como "órgãos permanentes e autônomos, não jurisdicionais, encarregados de tratar das políticas públicas voltadas à família e da garantia do exercício dos direitos da entidade familiar".

Na legislação, o conceito de família está associado à garantia de proteção do Estado, no que se refere à seguridade social (saúde, previdência e assistência social), educação, alimentação e habitação entre outros direitos sociais constitucionais. Por essa razão, os embates existentes no Poder Legislativo quanto ao assunto, a exemplo dos dois projetos de lei citados,[3] interessam diretamente a toda a sociedade. Assim, há de se atentar para o teor das legislações, considerando que elas indicam tanto a perspectiva protetiva em relação a indivíduos e famílias, como a de interferência na esfera da vida privada, por vezes, restringindo-a a certas configurações e

---

3. Uma discussão mais detalhada do PLS n. 470/2013 — Estatuto das Famílias — e do PLS n. 6.583/2013 — Estatuto da Família — e de outras questões legais relativas ao tema consta em Lima (2017). A autora aponta também, no âmbito jurídico, o embate entre conservadores e progressistas no que se refere ao tema "famílias".

responsabilizando exclusivamente pais e responsáveis pelo cuidado e pela proteção de crianças, adolescentes e idosos.

Com a perspectiva de contribuir no debate sobre famílias, atentando para questões como seus múltiplos modos de ser e os decorrentes desafios relativos às relações de gênero e de gerações, nossa abordagem se situará nesse momento histórico que compreende o século XX, em especial pós--anos 60, por concentrar as grandes transformações da família, e o século XXI, que vive o reflexo dessas mudanças ocorridas nesse passado recente.

Pensar famílias em sua pluralidade de configurações ou modos de ser é um desafio contemporâneo que exige análise histórica, distância de interpretações reducionistas e enfrentamento da desconfortável posição do não saber.

## 3.1 Contextualização social: aspectos preponderantes para a análise social de famílias

Via de regra, as situações que chegam à Justiça exigem, do ponto de vista social, a análise de um conjunto de fatores que não se restringe ao momento atual daquela família. A investigação da realidade social de indivíduos e famílias indica, geralmente, um nível de complexidade não abrangido na legislação e transcendente à aparência dos fatos ou das narrativas que são inicialmente dadas a conhecer. Nesse sentido, os profissionais têm o desafio de contextualizar a situação apresentada, em busca do desvelamento de como aquelas pessoas estão singularizando questões que são fruto desse momento histórico e das determinações sociais dele decorrentes, além das relações intergeracionais e de gênero estabelecidas nas famílias. Não raro, as situações vividas pela família no momento presente resultam de questões que vêm se adensando há duas ou três gerações.

A contextualização social abrange diferentes aspectos e aqui destacaremos dois deles: as determinações advindas da localização socioespacial e os que estão associados ao que Therborn (2006) denominou de declínio do patriarcado, quando de sua discussão sobre a família no mundo, no século XX, numa perspectiva geocultural.

Em relação ao primeiro aspecto, emerge, de imediato, o fator econômico e suas implicações na organização de vida das famílias, a começar pelo acesso (ou não) dos adultos ao mercado formal de trabalho e a rendimentos. Na Pesquisa Nacional por Amostra de Domicílios Contínua 2012-2016, divulgada pelo IBGE em junho de 2018, consta que, considerando a população ocupada, os 10% com maiores rendimentos recebem 12,5 vezes mais do que os 40% com menores rendimentos. Isso retrata a significativa desigualdade existente na distribuição de rendimentos que advém do trabalho principal dos brasileiros que têm acesso a trabalho remunerado (IBGE, 2017, Gráfico 5).

Essa desigualdade também se faz presente e se amplia quando se verifica a distribuição de rendimentos médios associados à cor ou raça, conforme denomina o IBGE. Os trabalhadores de cor preta ou parda recebem 55,3% do que recebem os de cor branca, conforme registrado pelo IBGE (2017, Tabela 7).

A taxa de desocupação de pessoas com 16 anos ou mais de idade também aponta a desigualdade em relação à cor ou raça, pois enquanto a desocupação entre pessoas de cor branca é de 9,1%, entre as de cor preta ou parda é de 13,2%. Esses percentuais variam de acordo com o grau de instrução, ocorrendo alguma aproximação entre os que têm ensino superior completo: 5,4% de desocupação entre as pessoas de cor branca e 6,6% entre as de cor preta ou parda (IBGE, 2017, Gráfico 8).

Esses índices objetivam a afirmativa de desigualdade social. Além disso, associados a um acesso restrito à educação, à saúde e a ocupações de menor qualificação por parte de pessoas de cor preta ou parda, e também daquelas com menor rendimento ou em situação de desocupação profissional, retiram de parcela significativa da população a condição de cidadania.

Reproduz-se, no interior de uma mesma família, principalmente entre os cônjuges, essa mesma desigualdade em termos de ocupação e rendimentos, podendo ocorrer de um cônjuge, geralmente o homem, exercer maior poder sobre o outro, por deter melhores condições de trabalho e renda. De acordo com informações do IBGE (2017, Gráfico 7), o percentual de desocupação é maior entre as mulheres (13%) do que entre os homens (10%) e, quando ocupados, estes têm rendimentos maiores do que as mulheres. No que se refere a trabalhos formais, em 2016, no Brasil, as mulheres obtinham 76,3% do rendimento dos homens, que, se comparado ao ano de 2015 (75,2%), teve um pequeno crescimento. No trabalho informal, o rendimento das mulheres equivale a 63,5% do rendimento dos homens; em 2015, esse índice era de 66,2%, tendo ocorrido, portanto, uma queda, talvez em decorrência da crise econômica em que vive o país (IBGE, 2017, Tabela 7).

As questões que decorrem da qualidade de inserção no mercado de trabalho, ou da não inserção[4], e, em consequência, do rendimento dos adultos, em especial dos cônjuges, impactam as relações familiares e podem resultar em separação/divórcio. Devido a isso, analisar as situações considerando esse panorama pode favorecer uma compreensão mais aprofundada das disputas no caso da Justiça de Família.

Ainda em relação à contextualização social relativa às determinações advindas da localização socioespacial, a relação entre espaço privado e público merece atenção, quando da análise das situações familiares, por ser outro aspecto que impacta as relações conjugais e parentais.

Acerca disso, Cabanes (2006) entende que, não obstante as tensões e contradições, o espaço privado está interligado ao espaço público. É lugar de autonomia, mesmo que relativa, e tem a capacidade de intervir sobre o espaço público. O autor também afirma que, atualmente, "o reconhecimento da legitimidade da igualdade de sexos contribui fortemente para uma elaboração do espaço privado, assim como das suas relações com os espaços públicos" (Cabanes, 2006, p. 396). O espaço público é constituído pelo trabalho, pela religião, pela política e por outras tramas que se processam

---

4. No espaço deste texto, não temos condições de apresentar um debate sobre as transformações no mundo do trabalho e seus dilemas, entre os quais se destaca o crescimento do número de pessoas excluídas do mercado de trabalho ou sujeitas a condições de trabalho que não contemplam direitos sociais regulamentados. Para essa discussão, ver Antunes (2011).

no território de vivência das famílias, onde estão assentados, por exemplo, os serviços derivados das políticas sociais, cuja gestão se estabelece com ou sem a participação ou controle social da população.

Importa salientar que a redução do Estado, após a adoção e o avanço da política neoliberal[5], principalmente em relação à implementação de políticas que objetivam os direitos sociais conquistados no plano formal, afeta e muito as condições de vida dos cidadãos. A incidência dessa retração dos serviços derivados das políticas públicas se fazem presentes, por exemplo, na esfera da proteção e do cuidado a crianças, adolescentes e demais pessoas que requerem atenção especial.

A tendência de responsabilizar a família como esfera exclusiva do cuidado e da proteção de seus membros, inclusive pelos serviços derivados das políticas sociais, é questão que tem merecido a atenção de estudiosos pelo mundo (Martin, 1995; Saraceno e Naldine, 2003; Mioto e Dal Prá, 2015, entre outros).

No Brasil, conforme determina a CF de 1988, o Estado deve prover a família de "especial proteção" (Art. 226) e, juntamente com a família e a sociedade, tem o papel de assegurar, prioritariamente, direitos sociais e pessoais à criança, ao adolescente e ao jovem, garantindo, igualmente, o direito à convivência familiar e comunitária e à proteção quanto à negligência e a outras formas de violência e opressão (Art. 227). Todavia, a realidade vivenciada pela população está, em grande medida, na contramão desses direitos.

Mioto e Dal Prá (2015, p. 147), ao se referirem a essa questão, apontam:

> O redesenho da política social brasileira, efetuado especialmente a partir da contrarreforma do Estado nos anos de 1990, não só colocou em xeque as

---

5. A partir dos anos 1990, o Estado brasileiro assumiu, com maior intensidade, a política neoliberal. Isso se evidenciou, entre outros aspectos, pelo aumento do desemprego, pelo declínio da organização dos trabalhadores por meio de seus sindicatos e pela redução de intervenção do Estado no campo social e sua consequente adoção de políticas sociais focalizadas e precárias. Sobre esse assunto, ver Anderson (1998).

conquistas efetuadas com a Constituição Federal de 1988, como veio reforçar processos altamente naturalizados no contexto da sociedade brasileira referentes a proteção social [...].

Para além de uma relação Família-Estado recheada de tensões, contradições e não efetividade, pode-se verificar também, a partir das informações do IBGE referidas anteriormente, que a realidade socioeconômica de parcela significativa das famílias não contempla condições objetivas para efetivação, por si, do cuidado e proteção de seus membros.

A desigualdade na divisão de tarefas entre homens e mulheres, no âmbito doméstico, que gera, quase sempre, sobrecarga à mulher, em especial àquelas que também têm ocupação profissional, emerge como outro aspecto que impacta a proteção social como sendo de responsabilidade principal da família. Sobre o trabalho feminino e o trabalho doméstico, Bruschini e Ricoldi (2009, p. 96) referem que os debates realizados ao longo do tempo resultaram em "[...] um consenso sobre a importância deste último para a reprodução social, fato que, se não era explicitamente negado, ao menos era omitido".

De modo geral, nas situações de disputa judicial, o fator econômico tem sido significativo, posto que, para a proteção, o cuidado e a educação dos filhos, tem de se levar em conta as condições objetivas relativas a moradia, alimentação, escolarização e transporte, entre outros. Assim, questões associadas à guarda de filhos, no caso de disputa entre pais, poderiam ser equacionadas de forma diferente se o Estado possibilitasse suporte para o exercício das responsabilidades parentais, sem sobrecarregar a família, em especial a mulher.

Esse necessário compartilhamento da proteção social[6] entre as esferas pública e privada, embora formalizado na CF de 1988, ainda não foi

---

6. Luciana Jaccoud define Proteção Social como sendo "[...] um conjunto de iniciativas públicas ou estatalmente reguladas para a provisão de serviços e benefícios sociais visando a enfrentar situações de risco social ou de privações sociais" (Jaccoud, 2009, p. 58).

objetivado de forma suficiente, comprometendo as dimensões de igualdade e equidade nas relações familiares e destas com o meio social (Zola, 2015).

No segundo aspecto relativo à contextualização social, o declínio do patriarcado, assim denominado por Therborn (2006), há de se considerar as implicações relativas às interações conjugais e parentais. O autor considera questão central do patriarcado os poderes dos homens nas famílias, em especial, os direitos e deveres relativos de homens e mulheres, estando em foco, portanto, as relações sociais de gênero. Do mesmo modo como estão imbricados os direitos e deveres relativos de pais e filhos, as relações intergeracionais configuram outra dimensão constitutiva do patriarcado. O citado autor demarca, também, a relação do patriarcado com os demais poderes existentes na sociedade e ressalta que seu declínio não significa o fim da discriminação ou da desigualdade de gênero. Ele entende ser essa questão mais ampla do que o patriarcado.

Para fundamentar o entendimento de que o patriarcado está em declínio, Therborn (2006) apresenta um extenso panorama de mudanças sociais, em especial, de mudanças na legislação, em todo o mundo, desde o século XIX, mas, com maior força, no século XX. O autor identifica, no século passado, quatro correntes ideológicas que contribuíram para "abalar" o patriarcado: a primeira, o movimento feminista de mulheres, que ganhou força e maior visibilidade com a Década da Mulher, instituída pela ONU, tendo 1975 sido assumido como o Ano Internacional da Mulher; a segunda, o movimento trabalhista socialista que, principalmente em suas vertentes marxista e anarquista, defendeu ideias relativas à família igualitária; a terceira, denominada por ele de "liberalismo secularizado", que propiciou apoio masculino para o feminismo anglo-saxão; e a quarta corrente ideológica foi a de nacionalistas desenvolvimentistas, "que forneceu os primeiros escritores contra o patriarcado e a opressão masculina fora da Europa e das Américas" (Therborn, 2006, p. 118-119).

Acrescenta, ainda:

> O patriarcado diz respeito ao poder. Há então boas razões para se esperar que as políticas tenham sido enormemente importantes para as mudanças

familiares do século XX. Mas a erosão do patriarcado, assim como as mudanças políticas, têm de ser vistas como produtos de processos mais amplos, socioeconômicos e culturais (Therborn, 2006, p. 119).

Essa perspectiva do patriarcado extrapolando as fronteiras das relações familiares também é pensada por Cisne (2012) que, ao discutir, no âmbito do Serviço Social, as relações sociais de gênero e a divisão sexual do trabalho, adentra esse tema, entendendo o patriarcado como um sistema, do qual se apropriou o modo de produção capitalista, e que funciona "independentemente da presença dos homens" (p. 17). A autora assevera que isso ocorreu por estar o patriarcado "enraizado nas relações sociais de tal forma que, entre as mulheres, sem necessariamente haver a presença masculina, há sua ratificação e sua reprodução" (p. 17-18).

Esse ideário patriarcal, que tem como marca a dominação do outro, mostra-se tão bem constituído que, ainda hoje, ele permanece coexistindo com outros modos de ser família, não obstante as mudanças sociais e legais que apontam para certa equidade entre homens e mulheres e, por vezes, a ausência do homem nas famílias. De forma geral, pode-se dizer que, na família, as ideias patriarcais se traduzem em hierarquia entre o homem e a mulher e os adultos e as crianças, caracterizando subalternidade, além de definição clara e dicotômica de papéis masculino e feminino, assim como de pai e de mãe.

No outro ideário, que vem sendo fomentado desde os anos 1960, observa-se propensão a privilegiar a responsabilidade, ao invés do poder, na relação com o outro. A tendência é buscar a equidade nas relações conjugais e desvalorizar as formas autoritárias nas relações entre pais e filhos, além de certo empenho para definir papéis paterno e materno, conforme as habilidades pessoais do pai e da mãe e as circunstâncias do momento, no que se refere, por exemplo, a necessidades da criança ou do adolescente e a condições de trabalho dos adultos (Vaitsman, 1997; Saraceno e Naldine, 2003; Araújo e Scalon, 2005; Cabanes, 2006; Bruschini e Ricoldi, 2009).

Para Sarti (2011), entre famílias pobres permanece a tendência de organização com base em valores patriarcais, a partir dos quais, grosso modo, cabe ao homem-pai a mediação com o mundo externo e a condição de provedor, de autoridade moral e de *chefe da família*; à mulher-mãe cabe a administração da casa, o cuidado das pessoas da família, a educação dos filhos, o zelo pela manutenção da unidade do grupo e a condição de *chefe da casa*.

Essa posição de Sarti (2011) quanto ao modo de organização das famílias pobres é relativizada por outros autores. Estudando famílias operárias a partir de seus percursos de vida, Cabanes (2006, p. 390) avalia que houve uma redefinição dos papéis internos à família: "[...] as lutas feministas contemporâneas provocaram um crescimento no papel das mulheres no espaço público [...] e redefinem os papéis internos à família e às posições de gênero no espaço privado [...]". Para ele, essa ocupação pela mulher do espaço público começou pelo trabalho e se expandiu para a cidade.

Já vimos que a CF de 1988 determinou a igualdade de direitos e deveres do homem e da mulher na sociedade conjugal e na relação com os filhos, o que traduz, de forma inequívoca, a superação, no plano formal, do poder do homem sobre o da mulher, configurando, portanto, um efetivo esvaziamento do suporte legal ao patriarcado. Esse marco principal foi antecedido pela Lei n. 4.121/1962, que havia retirado a mulher do rol dos relativamente incapazes para certos atos e lhe assegurou alguns direitos.

Ao se considerar a convivência do ideário patriarcal com outro que contempla a equidade entre o homem e a mulher e uma definição menos rígida dos papéis masculinos e femininos, não só entre as famílias pobres, uma pergunta crucial é sobre o que isso pode significar no dia a dia das famílias, nas suas formas de organização. Nos litígios de Vara de Família, que questões podem advir desse descompasso entre a objetivação, no plano legal, da igualdade de direitos e deveres do homem e da mulher e, no plano social, um ideário ainda ambivalente e contraditório sobre essa redefinição de papéis? Que interferência teria esse descompasso em relações estabelecidas na vivência conjugal, que são matizadas pelas questões de gênero? No exercício da parentalidade, como isso se manifesta?

## 3.2 Relações de gênero e de gerações e questões étnicas: eixos de análise de famílias

A discussão de gênero é complexa, tem diferentes vertentes de análises, de modo que, para os fins deste texto (considerando seus limites e finalidade), cabe situá-la por ser componente integrante das relações de famílias, mas não é viável aprofundá-la sob o risco de reduzi-la e simplificá-la[7]. Por ser uma obra que dialoga diretamente com assistentes sociais, adotamos a vertente de Cisne (2012), que integra o debate no âmbito do Serviço Social e parte do entendimento de estarem as questões de gênero, assim como as raciais, as geracionais, as ecológicas entre outras, imersas na relação capital-trabalho.

Sobre essa inter-relação com as relações sociais mais amplas, Cisne (2012, p. 105) aponta:

> Outrossim, o esclarecimento sobre o caráter relacional e histórico das construções sociais sobre os sexos implica considerar que as significações atribuídas ao masculino e ao feminino são desenvolvidas nas interfaces de relações sociais mais amplas, o que remete a uma mediação com outras dimensões, como as de classe, etnia e geração. O gênero é compreendido, pois, como relação sócio-histórica que remete às relações de poder de caráter transversal, atravessando os liames sociais, as práticas, instituições e subjetividades.

Analisar questões de gênero associadas ao tema famílias nos remete à provisoriedade dos casamentos entre pessoas de orientação hétero ou homossexuais, formalizados ou não. Esse fenômeno tem implicações nos modos de organização das famílias e, entende-se, resulta de um conjunto de fatores, entre os quais estão: a escolarização e educação das meninas, que vão contribuir para a autonomia das mulheres; a organização das mulheres,

---

7. Sobre gênero, além de Cisne (2012), remetemos o leitor a Saffiotti (2004) e Butler (2003). Sobre a abordagem da diversidade sexual e de gênero, sugerimos a leitura de Ferreira (2018) e de Cisne e Santos (2018).

em especial por meio do movimento feminista, com influência no papel desempenhado por elas, ou em relação às expectativas de desenvolvimento desses papéis, tanto o de esposa quanto o de mãe; a presença cada vez maior da mulher no mercado formal de trabalho, com reflexos na luta pela igualdade de direitos e de poder nas relações conjugais e, também, na forma de equacionamento da provisão da família e da divisão sexual do trabalho doméstico (Hobsbawm, 1995; Therborn, 2006; Bruschini e Ricoldi, 2009).

É possível que esses aspectos tenham interferência especial no casamento e em sua temporalidade justamente por se contraporem a uma mentalidade e a uma prática nas quais o homem detinha privilégios, até então vigentes nas relações conjugais e ancoradas no patriarcado. Todavia, tem de se considerar que essas questões são atravessadas pela localização em termos de classe social e de território de vivência, havendo certa tendência a se processarem, de forma mais intensa e em ritmo mais acelerado, entre pessoas de camadas médias, residentes em metrópoles.

Ainda sobre a participação da mulher no espaço público, ressalte-se que a presença da mulher no mercado de trabalho não se dá somente por sua busca de realização profissional e de autonomia. Muitas vezes, isso se deve à exigência de participação de ambos os cônjuges no orçamento doméstico, para fazer frente à provisão do grupo familiar e, também, ao crescente número de famílias chefiadas por mulheres. Bruschini e Ricoldi (2009, p. 96) afirmam, muito apropriadamente, que, hoje, "[...] qualquer análise sobre o trabalho feminino, procurando romper velhas dicotomias, estará atenta à articulação entre produção e reprodução, assim como às relações sociais de gênero".

Nessa mesma perspectiva, Araújo e Scalon (2005), em suas pesquisas sobre trabalho e família, entendem que a conciliação entre o trabalho e os "padrões de domesticidade e práticas de divisão sexual do trabalho na família" pode gerar tensões na organização dos cônjuges e na forma como são feitas as negociações para alcançar essa conciliação. Nesse âmbito, merecem ser considerados fatores associados às interações intrafamiliares e suas conexões com dimensões externas, posto que "[...] são mediadas pelo contexto e envolvem dimensões como recursos materiais, momento histórico, valores culturais mais gerais e posição dos indivíduos na estrutura socioeconômica" (Araújo; Scalon, 2005, p. 24).

Ao que parece, estamos diante de um descompasso: a mudança de mentalidade não acompanha o ritmo das mudanças legais. Como lidar, então, com situações como a descrita? Como favorecer condições para que as pessoas consigam ter clareza das principais questões relativas às responsabilidades parentais, com seus deveres e direitos, e distanciem-se de posicionamentos estanques e restritivos para o bem-estar dos filhos? Conseguimos direcionar nossa ação profissional para a defesa do direito de crianças e adolescentes à convivência familiar? Construímos entendimentos profissionais atinentes a nossos compromissos ético-políticos?

As relações intergeracionais, outra dimensão constitutiva das relações familiares, remetem-nos, de imediato, à transmissão de valores, de conhecimentos e de modos de interagir socialmente da geração dos mais velhos para a dos mais novos, mas, também, desta para a dos mais velhos. Uma geração é construída na relação com outra(s) e essas conexões vão compor o que Vitale (2005, p. 91) denomina de "tecido de transmissão, reprodução e transformação do mundo social". Para ela: "As gerações são portadoras de história, de ética e de representações peculiares do mundo" (Vitale, 2005, p. 91).

Para além dessa teia de ensino-aprendizagem que se processa entre as gerações, o cuidado e a responsabilidade dos pais em relação aos filhos enquanto crianças e adolescentes e dos filhos adultos em relação aos pais idosos são aspectos que permanecem na pauta das relações familiares contemporâneas e estão inscritas em marcos legais, como o ECA e o Estatuto do Idoso. As relações intergeracionais inscrevem-se, assim, tanto no âmbito privado, portanto, na família, quanto no âmbito público, que diz respeito ao Estado. Em relação a essa questão, Motta (2007, p. 128) faz referência às "solidariedades ou conflitos 'privados' e políticas públicas", exemplificada na utilização de aposentadorias e pensões de idosos — que decorrem de um direito social conquistado pelos trabalhadores, portanto, do âmbito público — para prover, por vezes, todo o grupo familiar.

O suporte entre as gerações tem sido uma necessidade cada vez mais presente nas famílias, em face da insuficiência de políticas públicas que efetivem o acesso a direitos sociais e tem se prolongado, na atualidade, quer pela dificuldade de os jovens se inserirem no mercado de trabalho quer pela longevidade dos idosos. Essa solidariedade privada, como diz Motta (2007), pode se processar de modo cooperativo e ser consonante à cultura desenvolvida na família, mas temos visto, em nosso exercício profissional, em decorrência dessa questão, alguns confrontos e até situações que podem ser interpretadas como de exploração entre filhos e pais.

Esse panorama aponta para o não compartilhamento da proteção social entre as esferas pública e privada, a que já nos referimos no início deste tópico. Enquanto o Estado se retrai na condição de responsável pelo bem-estar de seus cidadãos, a família vê-se obrigada a adensar seu papel de proteção social. Mas qual é o custo desse encargo para a família e para a preservação de condições que sejam favoráveis ao desenvolvimento de seus membros?

Às relações sociais de gênero e de geração, entendidas na perspectiva da associação às relações sociais mais amplas, nas quais o fator socioeconômico tem prevalência, integram-se, também, questões étnicas, em especial ao que se refere aos modos de ser famílias.

Pensar etnia como componente das relações familiares implica considerar que o processo étnico "[...] se constrói nas práticas sociais, no jogo de poder e na correlação de forças" (Kreutz, 1999, p. 82). O debate sobre etnia, nessa perspectiva histórica, tem como fonte primeira Stuart Hall, autor no qual Kreutz (1999) se embasa para indicar a dimensão cultural como base do processo étnico e para apresentar elementos constitutivos dessa dimensão: a língua, a religião, os costumes, o sentimento relativo ao lugar onde se vive, os quais são partilhados coletivamente. Nessa visão, alerta Kreutz (1999), a identidade étnica não é estática. Ela se reconstrói, se reconfigura, ao longo do processo histórico.

Admitindo a dimensão cultural e os demais elementos constitutivos dos processos étnicos como partícipes das configurações de relações conjugais e parentais, somos impelidos ao entendimento de que as famílias brasileiras se distinguem daquelas de outros países e, do mesmo modo, temos de compreender a influência das diferentes religiões e das migrações nos modos de ser famílias. O constante deslocamento das pessoas por diferentes estados de um país ou por diferentes países, tão comum na atualidade, pode resultar em uniões conjugais multiculturais, o que requer amplas negociações no relacionamento. Nas situações de casamento em que cada um dos parceiros é de um país e ambos residem no Brasil, presumem-se desafios ainda maiores para as relações familiares, embora essa diversidade possa ensejar também riqueza ao processo de socialização, por exemplo.

Evidentemente, não temos respostas para as questões levantadas nesse tópico. Temos possibilidades de leituras que podem contribuir para um entendimento mais aprofundado de situações sociais que compõem as disputas judiciais, as quais têm se mostrado cada vez mais complexas por serem reflexos do que estamos vivendo na sociedade atual.

## 3.3 A propósito de uma conceituação de famílias, de socialização e de sociabilidade, do ponto de vista social

As ponderações anteriores tiveram o objetivo de subsidiar um modo de conceber famílias, levando em consideração sua complexidade e, em especial, seus aspectos sociais. As reflexões que acrescentamos neste tópico visam a fomentar esse debate, com vistas a um entendimento abrangente e, ao mesmo tempo, aprofundado da conceituação de famílias e a análises que abarquem as vicissitudes pelas quais passam que, por vezes, levam à sua desagregação.

Tendo como referência a perspectiva analítica que parte do entendimento de que não se dissocia aspectos universais e singulares na análise de famílias, de modo a apreender a incidência sobre elas dos determinantes socioeconômicos, consideramos que as famílias permanecem como referência social para os indivíduos, mesmo estando em contínuo movimento de agregação-desagregação. Ademais, as famílias representam expressões de seu meio social e do momento histórico em que vivem e, ao mesmo tempo, os expressam. Convergimos, igualmente, com a visão de que as mudanças da família pós-anos 1960 abarcam as dimensões de sexualidade, procriação e convivência, vivenciadas, contudo, de forma ambivalente, contraditória e tensa.

A liberalização de costumes e o desenvolvimento de métodos contraceptivos — que favoreceu a liberdade sexual e a possibilidade de escolha das pessoas quanto ao número de filhos, ou a definição de não tê-los —, são aspectos que expressam essas mudanças nas famílias contemporâneas. As múltiplas formas de convivência indicam, igualmente, que não se pode pensar as famílias do século XXI como se pensava as do século XX, em especial pós-anos 1960, mesmo que aspectos do passado permaneçam incutidos nas pessoas e, em consequência, nas famílias.

No que se refere à convivência familiar, pode-se dizer que a perspectiva democrática que se instalou no país a partir da segunda metade da década de 1980, incluindo as normativas legais que regulamentaram as diretrizes da CF de 1988, influenciou, de modo geral, a vida familiar, ao postular equidade nas relações conjugais e formas menos autoritárias nas parentais. Embora com intensidades e ritmos diferentes, a depender do lugar onde se vive e da camada social a que se pertence, essa mudança está presente na sociedade, em que pese, nos dias atuais, existir aparente retrocesso no que diz respeito à perspectiva de defesa de igualdade entre as pessoas e de direitos sociais.

Avançando um pouco mais na conceituação de famílias, entendemos que as famílias estão em constante transformação, são formadas a partir de vínculos de parentesco, de afinidade e de reciprocidade, são mediadoras entre seus membros e o espaço público e se constituem como unidades de convivência, o que implica considerá-las para além do domicílio. Cônjuges, filhos e demais membros podem residir em diferentes lugares e preservarem a condição de família, os laços que os tornam singulares.

Em Ginzburg (2009, p. 31), um romance autobiográfico, há um trecho que retrata muito bem essa noção:

Somos cinco irmãos. Moramos em cidades diferentes, alguns de nós estão no exterior: e não nos correspondemos com frequência. Quando nos encontramos, podemos ser, um com o outro, indiferentes ou distraídos. Mas, entre nós, basta uma palavra. Basta uma palavra, uma frase: uma daquelas frases antigas, ouvidas e repetidas infinitas vezes, no tempo de nossa infância [...] para restabelecer de imediato nossas antigas relações, nossa infância e juventude, ligadas indissoluvelmente a essas frases, a essas palavras.

Essa espécie de amálgama de que trata Ginzburg (2009) vem do convívio, das regras que nele se estabelecem e, também, de licenças conquistadas, de transgressões e da forma como o relacionamento se dá com os da "casa" e com os da "rua", enfim, de uma história e de uma cultura que se constitui e se consolida naquele grupo. Estamos, então, nos referindo a um espaço primário de aprendizado de valores (processo de socialização) e de desenvolvimento do modo de interagir socialmente (sociabilidade), os quais expressam as marcas do lugar e do tempo social em que se vive, matizados pelo que é peculiar àquela família.

O processo de socialização pode ser entendido como a inserção do indivíduo em seu meio social e dele fazem parte agentes primários, como as famílias e os grupos de mesma idade, e agentes secundários, especialmente representados pela escola, pelo trabalho, por outros grupos nos quais crianças e adultos participam com certa constância e, também, pela mídia.

De acordo com Vieira (1996, p. 45), é inerente à socialização um aprendizado que perpassa a vida toda, a integração dos indivíduos em seus grupos, com base em normas e valores socioculturais definidos socialmente, e um "forte teor coletivizante". O autor acrescenta que socialização "pressupõe respeito à pluralidade das culturas" (Vieira, 1996, p. 46), as quais podem ser originárias de uma mesma ou de diferentes sociedades.

A transmissão do sistema de valores, de crenças, de papéis sociais e de modos de vida e de interação social é demarcada como sendo central no processo de socialização (Berger e Luckman, 1987; Vitale, 2005; Grigorowitschs, 2008). Há também certa concordância de que a criança e o adolescente têm participação ativa nesse processo de socialização.

Nesse sentido, considera-se, ainda, que a geração dos mais jovens tem papel importante na transmissão de conhecimentos e valores para a geração mais velha, em especial no que se refere a tecnologias e a novas formas de interação social. Transcorre, então, um processo de mão dupla, possivelmente gerador de tensões, mas também de oportunidade de ampliação da visão e do aprendizado do conjunto de membros da família sobre questões contemporâneas.

Sobre esse aspecto, Grigorowitschs (2008, p. 49) avalia que conceber os processos de socialização nessa perspectiva dinâmica "[...] permite captar as tensões e contradições constituintes da vida em sociedade, tanto na infância, como na vida adulta, sem pender nem para o lado da mera reprodução e manutenção da ordem social, nem para a total autonomia do agir individual."

O processo de socialização vivenciado pelo indivíduo na família, no trabalho e em outros espaços que lhes sejam constantes e significativos favorece a singularização de seu modo de interagir socialmente, tornando-o, por exemplo, mais cooperativo ou mais competitivo. Com isso, estamos adentrando à discussão de sociabilidade que, para Barroco (2008), é entendida como uma das capacidades humanas essenciais, que tem origem no trabalho e está diretamente associada à reciprocidade social. Como afirma ela, "a sociabilidade é inerente a todas as atividades humanas, expressando-se no fato ontológico de que o homem só pode se constituir como tal em relação com outros homens e em consequência dessa relação" (Barroco, 2008, p. 21-22).

As formas de sociabilidade em diferentes períodos históricos foi objeto de estudo de D'Incao (1992, p. 95), que entende existir uma sociabilidade ampla, na qual está pressuposta "[...] uma convivência com diferentes grupos sociais, uma relação ampla com as ruas e uma ausência de privacidade dos corpos e dos espaços". Em oposição, processa-se outra forma de sociabilidade, a restrita ou burguesa, que "[...] afasta os homens e as manifestações sociais da rua relegando os contatos sociais a contatos de classe social, instalando-se o cultivo da domesticidade e a privacidade dos espaços sociais, da mente e dos corpos".

O período histórico e o pertencimento à classe social são referências utilizadas por D'Incao (1992, p. 97) para ilustrar esses dois modos diferentes de interação social. Para ela, as brincadeiras de rua, outrora corriqueiras, além de proporcionar o convívio entre pessoas de diferentes etnias, incluíam "[...] a convivência com diferentes classes sociais na socialização infantil e no cotidiano social das pessoas".

Acrescenta ainda que o movimento da sociedade brasileira atual tende à segregação de raças e de estratos sociais e defende a ideia de que a exclusão da rua como espaço de interação social "[...] provoca a distância de percepção entre si dos diferentes grupos ou classes sociais, ocasionando, entre outras coisas, o pânico advindo em grande parte da ignorância sobre os outros [...]". Para a autora, isso levaria facilmente a "[...] associação de pobreza com violência, com marginalidade. E, por oposição, associa-se riqueza com vida fácil, felicidade e também (por que não?) com corrupção". (D'Incao, 1992, p. 97).

Para essa diferença na forma de sociabilidade, D'Incao (1992) associa, entre outros aspectos, pelo menos para as crianças de classe média, a disseminação de escolas privadas, maior ocupação do tempo nas tarefas escolares em detrimento do tempo nas brincadeiras, além de demandas de educação suplementar. O uso do automóvel e de tecnologias como a televisão e o telefone também estariam a serviço desse afastamento entre as pessoas. Em contraponto, afirma D'Incao (1992, p. 107) que "[...] os estudos sobre o uso da rua como local interativo deverão identificar uma sociabilidade mais ampla, grupal que seja, vigindo ainda hoje em São Paulo, nos bairros operários e em grupos recém-urbanizados".

Embora o estudo de D'Incao date de 1992 e, desde então, tenham ocorrido mudanças significativas no mundo do trabalho e na vida urbana, o que, possivelmente, inviabilizaria nos referirmos, hoje, a "bairros operários", a reflexão feita pela autora pode contribuir para se compreender as diferenças nos modos de interação social das famílias de diferentes camadas sociais. A observação de diferentes espaços sociais e nossa atuação com famílias nos levam ao entendimento de que as famílias pobres ainda cultivam um modo de interação social mais próximo do que a autora denomina de "sociabilidade ampla".

Socialização e sociabilidade são temas cuja exploração enseja certa densidade, o que mereceria um capítulo inteiro deste livro, mas estamos apresentando-os aqui, mesmo que de forma breve, com o intuito de estimular o leitor a aprofundar sua investigação. Consideramos que, do ponto de vista social, a análise desses conteúdos permite compreender os modos de ser famílias e a raiz de questões familiares que podem desencadear disputas judiciais.

Esses temas propiciam identificar, por exemplo, valores socioculturais e características interacionais que cada um dos cônjuges assimilou de suas famílias de origens ou de agrupamentos anteriores ao casamento e entender como esses aspectos estão compostos na vivência conjugal e no exercício das responsabilidades parentais. A composição da bagagem sociocultural de cada um dos cônjuges na formação de uma nova família vai alicerçar, juntamente com outros aspectos, o desenvolvimento desse novo agrupamento.

A formação de uma nova família, quando realizada de forma democrática, respeitando o que é peculiar a cada cônjuge, pode sinalizar que existem entre eles certa equidade, cooperação e diálogo. Isso pode favorecer o equacionamento das questões por eles próprios, sem necessidade de se recorrer à Justiça. E, nas situações em que se conclui pela finalização da união, geralmente, são maiores as possibilidades de construção de acordos entre os ex-cônjuges, a serem validados em cartórios ou na Justiça de Família.

Diferentemente, quando a formação da família é realizada de forma assimétrica e um dos cônjuges se vê impelido a viver conforme os valores socioculturais e as interações sociais do outro, existe maior possibilidade de os conflitos emergirem e de se fazerem presentes dificuldades de diálogo e de negociação para redefinição de regras de convívio e de outros aspectos inerentes ao casamento. Nessas situações, é mais comum que se recorra a autoridades externas, como as da Justiça de Família, em busca da resolução das desavenças.

A investigação dessas questões, quando da realização de estudos sociais na Justiça de Família, pode favorecer ao profissional uma visão mais abrangente e aprofundada da situação social foco da disputa judicial. Mesmo nas situações em que o rompimento conjugal se efetivou de forma pouco amistosa, é possível abrir espaço para reflexões que podem contribuir para a construção de entendimentos que viabilizem a preservação da convivência de crianças e adolescentes com seus genitores e demais familiares, que consideramos ser objeto dos referidos estudos.

Questões associadas à socialização e à sociabilidade podem estar presentes nas diferentes configurações familiares, tema do próximo capítulo, porque elas integram, sobretudo, a organização das famílias, independentemente de sua composição. A essas questões juntam-se outras que talvez apareçam com maior ou menor intensidade a depender da forma como a família está composta.

## Capítulo 4

# A pluralidade de configurações familiares e os desafios relativos à parentalidade

As múltiplas formas de ser famílias parecem estar mais bem assimiladas no cinema, na literatura e nas normativas legais do que nas vivências sociais e ocupacionais. Todavia, essa é a realidade dos tempos atuais, independente da aprovação ou não das pessoas no convívio social e dos profissionais no exercício laboral.

No âmbito social, espera-se que a mentalidade sobre a diversidade de modos de viver se dissemine e, nisso, os meios de comunicação de massa têm papel significativo, não obstante a veiculação também de posicionamentos contrários. Na esfera ocupacional, urge que trabalhadores de espaços sociojurídicos e daqueles derivados das políticas sociais, entre outros, atentem para seus compromissos éticos e busquem o necessário aprimoramento intelectual com vistas à qualificação de sua atuação profissional.

Desse modo, está posto o desafio de se respeitarem as famílias em suas diferentes configurações, inclusive pelo dever ético de empenhar-se para suprimir preconceitos e para fomentar o respeito à diversidade conforme estabelece o Código de Ética do/a Assistente Social em seu VI Princípio Fundamental. Essas diferentes configurações podem advir de sua formação, a partir da união, legalizada ou não, de um homem e de uma mulher ou de pessoas do mesmo sexo[8], e de seus pactos nupciais formais ou não. Pode ocorrer, também, a redefinição de configuração nas famílias a partir de transformações que se processam em suas trajetórias de vida.

Para ilustrar essas questões e as apresentadas no capítulo III, trouxemos reflexões baseadas no cinema, que tem se mostrado fonte inesgotável para se pensar famílias e muitos outros temas sociais. No âmbito da família, tem retratado muito bem a convivência de concepções contemporâneas com aquelas arraigadas no passado e um exemplo disso é o filme "Eu, Tu, Eles".

Esse filme, que se passa no sertão nordestino, possivelmente entre as décadas de 1960 e 1970, mostra uma família vivendo num ambiente de pobreza e aridez, cuja composição se distancia do que é convencional para a época, por se tratar da vivência conjugal de uma mulher (Darlene) com três parceiros (Ozias, Zezinho e Ciro), ao mesmo tempo, e numa mesma casa. Todavia, ao se examinar a organização da família, identifica-se o padrão patriarcal a partir do qual se estabelece o entrelaçamento entre a mulher e os três homens.

De suas uniões, Darlene teve três filhos, que são assumidos juridicamente pelo primeiro marido, mesmo ele sabendo que nenhum deles é seu filho biológico. O entrelaçamento entre a mulher, seus filhos e seus três maridos é mantido com base em algo muito característico da família patriarcal: o marido — e neste caso, o primeiro marido, proprietário da casa — é também detentor de poder sobre a mulher e as crianças que, legalmente, se tornaram seus filhos. Nesse caso, o poder do primeiro marido, Ozias, se sobrepõe também ao do segundo marido, Zezinho, e ao do terceiro, Ciro. Todavia, Darlene é uma mulher forte e, pela via do amor

---

8. Atualmente, alguma visibilidade foi dada às uniões denominadas de poliafetivas, que incluem a convivência, simultânea e consentida pelos parceiros que as integram, de duas ou mais relações afetivas. Sobre esse tema, ver Augusto e Silva [s/d].

e da sexualidade, maneja a situação para que o quarteto permaneça junto, embora, sob certos aspectos, fica na mesma condição das mulheres de sua época: submissa aos homens.

Frente à comunidade local, Ozias permanece como autoridade moral[9], mesmo compartilhando o teto com dois outros homens, o que fica claramente expresso quando Darlene, convidada por Ciro para ir embora e formar uma nova família, fica em casa sob o domínio de Ozias, trabalha nos afazeres do lar e no canavial e dorme com ele. Tudo em nome do bem-estar do chefe da família. Poderíamos dizer que o filme retrata uma composição familiar que se distancia dos costumes da época e uma forma de organização que responde a um padrão comum àquele momento: o das famílias patriarcais, sobretudo no que se refere ao poder do homem sobre a mulher, sobre as ações da casa e sobre as relações do grupo familiar com a sociedade local. Temos, então, alguns aspectos que nos remetem ao passado e outros que indicam novas formas de relacionamentos familiares.

O filme mostra outros elementos importantes para sustentação dessa trama, tais como a presença do Estado formalizando a paternidade jurídica das crianças, o trabalho da mulher fora de casa e em condições precárias, a mão de obra no campo, informal e sem nenhum direito trabalhista, as diferentes formas de amor e os interesses que se estabelecem nesse inusitado convívio.

Do mesmo modo, as situações apresentadas pelas famílias nos espaços institucionais nos quais atuamos profissionalmente requerem contextualização social, para se compreender a interferência da dinâmica da sociedade e das normativas legais em suas vidas e em seus modos de organização. A legislação reflete, mesmo que restritamente, o contexto social de cada momento histórico e, de alguma forma, retrata as transformações sociais ocorridas, razão pela qual seu conhecimento e análise podem contribuir

---

9. A noção do homem como autoridade moral e responsável pela respeitabilidade familiar é desenvolvida por Sarti (2011), ao discutir o lugar de homem e o lugar de mulher entre as famílias pobres.

para um exercício profissional comprometido com a defesa de direitos individuais e sociais.

No que se refere ao casamento e à dissolução da sociedade conjugal, do ponto de vista legal, podemos ver que, no século XX, se processaram algumas mudanças e talvez elas não estejam suficientemente consolidadas em termos culturais. Isso pode resultar nas tensões e contradições presentes nas relações conjugais da atualidade.

Na Carta Constitucional do Brasil de 1934, primeira a apresentar capítulo específico sobre a família, o casamento é estabelecido como indissolúvel e base para a formação da família (Art. 144). A indissolubilidade do casamento permaneceu até 1977, quando foi instituído o divórcio, tendo a CF de 1988, ao redefinir as formas de constituição da família, deixado de registrar essa condição.

Em relação ao término do casamento, a Constituição de 1934 faz referência ao desquite, no Parágrafo Único do artigo 144, que havia sido regulamentado pelo Código Civil de 1916 (Lei n. 3.071, de 1º de janeiro de 1916). Mais de meio século depois, o divórcio foi instituído pela Lei n. 6.515, de 26 de dezembro de 1977, que regulamentou o artigo 175 da Emenda Constitucional n. 9, de 28 de junho de 1977, e modificou o Código Civil no que diz respeito às condições para efetivação da separação judicial. Para isso, o percurso foi longo e muitos embates ocorreram principalmente em decorrência de influências de caráter religioso, que ainda se faziam presentes no Estado, assim como ocorre hoje em relação a temas que não têm aceitação entre as religiões.

A Lei n. 6.515, de 1977, amplia as possibilidades de separação conjugal, incluindo sua efetivação quando solicitada por mútuo consentimento dos cônjuges. Todavia, no artigo 3º, § 2º, consta que o juiz "[...] deverá promover todos os meios para que as partes se reconciliem ou transijam [...]". Deduz-se, assim, que, na década de 1970, na legislação, a cultura do não rompimento da vida conjugal ainda se fazia presente, não obstante a instituição do divórcio.

Da análise da legislação citada, podemos identificar que, no início do século XX, a permanência do casamento era defendida independentemente do interesse (ou não) dos cônjuges, sendo o desquite e, posteriormente, a separação, assumidos pela Justiça somente se houvesse motivos reconhecidos pela lei para o término da sociedade conjugal. Esse aspecto está claramente em desacordo com a perspectiva da liberdade individual e talvez não atenda também à segurança do convívio, porque um casamento não mais desejado pode levar a violências conjugais.

Recuperar o entendimento, do ponto de vista formal, do casamento, de sua dissolução e dos modos de constituição das famílias nos impulsiona à reflexão quanto à extensão temporal dessa visão e de seus reflexos ainda nos dias atuais. Sabemos que parcela da sociedade ainda alicerça sua compreensão numa perspectiva mais tradicional e refuta a pluralidade de modos de formação de famílias e, em decorrência, de suas novas configurações. Contudo, os profissionais que têm, entre suas atribuições, a identificação e a análise de situações familiares, inclusive as litigiosas, têm o compromisso ético de abordar o assunto contextualizando-o historicamente, de modo que a defesa e proteção de direitos sejam asseguradas.

Do mesmo modo, as mudanças sociais pós-anos 1960 estão inscritas no cotidiano das famílias e incidem sobre as relações conjugais e parentais, definindo certas regras de convívio. Todavia, a realidade sociofamiliar pode apresentar contornos singulares. A convivência de concepções, de formas de organização e de hábitos anteriores ao momento presente com outros mais característicos de tempos atuais, como vemos em "Eu, Tu, Eles", pode expressar configurações bem diferentes entre uma família e outra e, em uma mesma família, a coexistência do "velho" e do "novo" pode ser pacífica e construtiva, mas, também, pode gerar conflitos e confrontos.

No filme em referência, a administração dos conflitos se dá na própria família. Isso talvez esteja associado à época em que se passa o enredo, na qual a tendência era a de manter a resolução de questões familiares na esfera privada. Contudo, na atualidade, com certa constância, busca-se auxílio na autoridade judiciária para equacionar questões de âmbito conjugal e parental.

## 4.1 Configurações familiares e seus modos de expressão

Muitos são os fatores que incidem nos múltiplos modos de ser famílias e nos decorrentes desafios relativos à parentalidade, com suas implicações no que se refere às atribuições pró-convivência e proteção sociais. Parte deles consta do capítulo anterior, cuja abordagem está embasada no entendimento de que o momento histórico e a localização em termos de espaço social configuram questões gerais, universais[10], que se inscrevem no cotidiano de vida das famílias, delineando-o. Também nesse aspecto, a análise do filme "Eu, Tu, Eles" é ilustrativa. Esse filme oferece indícios da imbricação entre o universal e o singular na configuração da família lá representada.

O debate sobre a pluralidade de modos de ser famílias passa pelo entendimento das configurações familiares, que resultam da associação entre sua composição — conjunto de membros que integram a família — e sua organização — formas e regras estabelecidas para o convívio entre esses membros e deles com o meio social. Pode-se identificar, em diferentes composições familiares (monoparentais, biparentais, multiparentais e parentais), uma mesma forma de organização ou aspectos de diferentes formas de organização em uma mesma composição familiar. A exploração dessa afirmativa requer o entendimento das composições de famílias e de questões preponderantes em seus modos de se organizar.

As famílias que se configuram como monoparentais — um dos pais e seus descendentes, conforme define a CF de 1988 — têm alguns desafios que,

---

10. Em Gois (no prelo), consta uma discussão mais detalhada, amparada na perspectiva de Hobsbawm (1995), sobre mudanças sociais que incidiram nas famílias. Entre elas, estão as relativas ao declínio do campesinato, à crescente exigência de instrução média e superior para ocupações profissionais e, mais tarde, ao gradativo desaparecimento das classes operárias industriais, além da significativa presença das mulheres, inclusive as casadas, na universidade e no mercado formal de trabalho. Na presente obra, a centralidade está em questões contemporâneas, especialmente, aquelas que estão mais diretamente associadas a litígios que constituem o cotidiano de trabalho de assistentes sociais que atuam nas Varas de Família.

certamente, exigem especial esforço para seu enfrentamento. O primeiro deles é que um só dos pais assume, com exclusividade, os papéis de provimento e de cuidado dos filhos. Outro desafio que tem certa peculiaridade nessas famílias é a preservação do convívio dos filhos com os dois ramos parentais, considerando que um dos pais está ausente do núcleo familiar, seja por morte seja por efetivo afastamento motivado por escolha pessoal ou por circunstâncias de vida.

Outra questão vivenciada com certa frequência nas famílias monoparentais, embora não seja exclusividade delas, é a recoabitação, que se caracteriza pelo retorno à casa dos pais de filhos que já tinham saído para viver em sua própria morada. Esse fenômeno não é novo, mas tem se ampliado na atualidade em decorrência do aumento do desemprego e de baixos salários da população mais jovem, associados a não efetividade de políticas sociais de apoio às famílias. O divórcio, que mesmo entre pessoas de camadas médias costuma provocar redução na renda do grupo, é outro fator que motiva a recoabitação com a família de origem. Também pode ocorrer de pais ou mães irem morar com os filhos, geralmente em consequência de viuvez ou de estarem em situação socioeconômica precária (Peixoto e Luz, 2007).

Nas situações de monoparentalidade, esse deslocamento da família para a casa de um parente ou de outra pessoa de sua referência pode ocorrer pela própria dificuldade de um só adulto assumir responsabilidades parentais relativas à provisão do grupo familiar, mas, também, pela necessidade de suporte para o cuidado de crianças e adolescentes e para fazer frente às demais demandas próprias dessa faixa etária.

O retorno à morada dos pais implica deslocamento da família de sua condição de vivência em um núcleo exclusivo para outro no qual o convívio se dará em família extensa — duas ou mais gerações de uma mesma família coabitando ou recoabitando em uma só residência. Isso pode exigir constantes negociações para definição da forma de organização do grupo. Tal processo inclui a realização de pactos, nem sempre simétricos tampouco suficientemente discutidos, sobre a participação no orçamento doméstico, a constituição de poderes entre os adultos e as regras de convívio, entre outros aspectos (Peixoto e Luz, 2007). Embora a recoabitação seja expressão de solidariedade familiar, pode gerar tensões nas relações parentais, inclusive por pais e avós terem, geralmente, visões e modos diferentes de exercitarem a conjugalidade e a parentalidade.

Nas situações de coabitação entre núcleos familiares não necessariamente aparentados é possível que as questões se adensem por serem pessoas que não têm uma história em comum. Isso se justifica pela maior possibilidade de terem visões de mundo divergentes e pelas negociações para organização do novo agrupamento exigirem constantes e democráticos diálogos.

Desse modo, há de se considerar a complexidade da teia relacional na convivência de famílias recoabitantes e coabitantes, mas não se pode definir, *a priori*, que essas configurações não sejam fecundas para o desenvolvimento de crianças e adolescentes. É prudente levarmos em conta que uma ambiência familiar construtiva para seus membros, independentemente da configuração familiar e da existência de conflitos, privilegia o diálogo, o respeito mútuo e a responsabilidade de uns para com os outros. Para além dessas questões mais diretamente associadas ao convívio intrafamiliar, a qualidade das mediações estabelecidas com o meio social, das quais faz parte o suporte para o cuidado e a proteção social das pessoas, tem papel preponderante no conjunto de condições sociais que vão influenciar a qualidade da vida em comum.

Essas questões às quais estão expostas as famílias monoparentais também podem ser comuns às biparentais — aquelas formadas a partir do casamento ou da união estável entre duas pessoas. A CF de 1988, em seu artigo 226, contempla as famílias biparentais de orientação heterossexual, mas nesse artigo não existe menção às famílias biparentais formadas a partir do casamento ou da união estável entre pessoas de orientação homossexual. Somente após anos de luta, os casais formados por pessoas de mesmo sexo tiveram, em 5 de maio de 2011, a união estável juridicamente reconhecida pelo Superior Tribunal Federal e, posteriormente, a Resolução CNJ n. 175, de 14 de maio de 2013, dispôs sobre a celebração do casamento civil ou a conversão de união estável em casamento entre pessoas de mesmo sexo.

Diferentemente das famílias monoparentais, de modo geral, nas biparentais, as responsabilidades relativas à provisão, ao cuidado, à educação e às demais demandas relativas aos filhos são exercidas por ambos os genitores; no entanto, a forma como o casal se organiza para assumir tais atribuições pode se dar diferentemente. Ao homem cabe, classicamente, a responsabilidade de prover o grupo familiar e de fazer a mediação com o meio social, assumindo, então, a posição de chefe da família; à mulher compete o cuidado e a educação dos filhos e a administração do lar, estabelecendo-se, assim, como chefe da casa, conforme aponta Sarti (2011).

Contudo, na atualidade, essa forma de organização convive com outra na qual essas atribuições são assumidas pelos dois genitores (de orientação hétero ou homossexual) sem prévia divisão. Desse modo, o exercício das responsabilidades parentais se dá a partir de negociações entre os cônjuges e conforme as habilidades de cada um e as circunstâncias daquele momento. Nas famílias biparentais, há também de se atentar para a possível coabitação ou recoabitação e o que daí decorre para o exercício das responsabilidades parentais.

Essa mescla nas formas de organização das famílias resulta, em especial, conforme já mencionado, da mudança do papel da mulher (Hobsbawm, 2001; Araújo e Scalon, 2005; Cabanes, 2006; Bruschini e Rinoldi, 2009) e se processa em meio a tensões, ambivalências e contradições aguçadas, certamente, por questões macrossociais que impõem desafios cada vez maiores à sobrevivência do grupo familiar. Capturar essas questões quando da análise de situações familiares parece-nos crucial tanto para formulação do trabalho social como para a elaboração de pareceres sociais na atuação profissional em processos da Justiça de Família, por exemplo.

As famílias multiparentais e parentais[11], não obstante fazerem parte da realidade social há certo tempo, só mais recentemente ganharam visibilidade

---

11. Na área do Direito, também têm emergido estudos sobre as famílias simultâneas ou paralelas na perspectiva de admissão do reconhecimento de direitos a ambas. Grosso modo, definem-se essas famílias como sendo aquelas nas quais um dos cônjuges participa de dois

em termos de reconhecimento no plano social e jurídico e no âmbito dos estudos acadêmicos. Elas também não estão contempladas no artigo 226 da CF de 1988 e, por serem matéria de menor tempo de investigação, a discussão sobre essas composições familiares, sobretudo em seus aspectos sociais, ainda não conta com acúmulo de conhecimento, ensejando, portanto, o desafio de nos movimentarmos em assunto no qual o não saber é preponderante.

Estudos da área de Direito (Silva e Brum, 2014; Cassettari, 2017, por exemplo) reconhecem tanto as famílias multiparentais como uma das expressões das famílias contemporâneas quanto o acesso delas aos direitos formalizados para as demais composições familiares. Entendendo multiparentalidade como sendo "[...] a possibilidade da coexistência dos dois tipos de filiação, biológica e socioafetiva, levando-se em consideração o princípio da dignidade da pessoa humana, o melhor interesse do menor, e o princípio da afetividade" (Silva e Brum, 2014, p. 211/212), as autoras defendem que, do ponto de vista jurídico, se admitida a coexistência dos dois tipos de filiação, os nomes do(s) pai(s) biológico(s) e do(s) socioafetivo(s) deverão constar no registro civil da pessoa.

A multiparentalidade decorre, em especial, de famílias reconstituídas (formadas a partir da segunda união de um ou de ambos os cônjuges, com filhos desta ou de uniões anteriores), das famílias homoafetivas (formadas por casais de orientação homossexual, casados legalmente ou não, com filhos biológicos ou adotivos) e de adoções nas quais a pessoa adotiva mantém a filiação biológica e a socioafetiva.

Já as famílias parentais, de acordo com IBDFAM (2017), são constituídas por pessoas de orientação heterossexual ou homossexual que desejam compor uma parceria para fins parentais, mesmo sem o interesse de formar parceria conjugal ou sexual. Também denominada de coparentalidade, essa formação familiar se dá, geralmente, por meio de técnicas de reprodução assistida.

---

núcleos familiares, que foram formados a partir de um casamento e de uma união estável ou de duas uniões estáveis. Sobre esse assunto, ver, por exemplo, Hironaka (2013).

Contudo, a família parental ou a coparentalidade pode ser pensada, ainda, a partir de pessoas que também mantêm laços conjugais. De modo geral, a coparentalidade é vista como algo que está associado a dois adultos que buscam prover condições para o cuidado e o desenvolvimento de uma criança (Pasinato e Mosmann, 2015). Enquanto função, Böing (2014, p. 51), refere que a coparentalidade "[...] requer o desejo mútuo entre os cuidadores principais de proporcionar segurança, proteção, suporte emocional e físico das necessidades da criança ao longo do seu crescimento, independentemente do tipo de laço relacional".

Pelo que foi possível observar em pesquisa por meios virtuais, que não teve a pretensão de ser exaustiva, a produção sobre multiparentalidade, coparentalidade e simultaneidade nas composições familiares são predominantemente da área do Direito, não tendo sido identificado no Serviço Social publicações sobre o assunto. Contudo, entendemos ser um tema também pertinente a essa área por abranger aspectos relativos a cuidados, proteção e convivência social de crianças e adolescentes, os quais nem sempre são assumidos de forma cooperativa por pais e mães no exercício das responsabilidades parentais.

O desconforto do não saber pode nos levar a interpretações simplistas, à resistência em admitir a situação ou até a preconceitos, risco para o qual devemos atentar. Nesse momento, do ponto de vista social, o que se pode dizer é que são composições familiares que ensejam especial complexidade, no que se refere à formulação de pactos para a provisão, o cuidado e o convívio de seus membros, e que ainda não há informações suficientes para pensar seu significado no que se refere à proteção social e ao desenvolvimento de crianças e adolescentes.

Não obstante os desafios das novas composições familiares, a existência de estudos e jurisprudência sobre esse tema expressa o reconhecimento da sociedade no que se refere à pluralidade das famílias e impõe, aos profissionais do sistema de garantia de direitos e de gestores e executores das políticas sociais, entre outros, a necessidade de atenção para identificá-las e pensá-las em seus modos de ser famílias.

Do ponto de vista social, há de se atentar para o que se estabelece nas famílias no que se refere aos pactos formados para a proteção social de seus membros. Com a participação cada vez maior da mulher-mãe no mercado de trabalho formal e informal e no orçamento doméstico, o homem-pai, de alguma forma, tem assumido seu papel também no cuidado e na educação dos filhos, decorrendo daí tanto uma flexibilidade nos papéis parentais, que pode enriquecer a relação com os filhos e o aumento na provisão do bem-estar deles, como tensões que podem trazer prejuízos a seus cuidados e a sua proteção. Se associarmos a essas questões a participação de mais de um pai e de uma mãe na vida dos filhos, pode-se supor uma maior complexidade na organização do grupo familiar, que tanto pode ensejar maior possibilidade de suporte a crianças e adolescentes, quanto ambiguidades, contradições e falta de clareza quanto às responsabilidades e aos compromissos no exercício do papel parental.

De qualquer modo, algumas indagações emergem daí e podem ampliar nossa compreensão sobre aspectos sociais presentes nas diferentes formas de organização familiar, principalmente no que diz respeito ao exercício das responsabilidades familiares. Decerto a primeira delas, por sua importância na vida de crianças e adolescentes, é a que se refere à convivência com mãe(s) e/ou pai(s)[12] e demais membros das respectivas famílias ou, ainda, de pessoas que são referências para a criança e o adolescente.

Nesse sentido, faz-se necessário compreender se os critérios que embasam as definições desse convívio priorizam o bem-estar dos filhos, em especial, no que se refere à moradia, à alimentação, aos cuidados diários e à educação formal, por exemplo. Há também de se analisar se cada um dos pais/mães ou adulto responsável está tendo o cuidado de transmitir seus ensinamentos (modos de ser e de interagir, por exemplo) de forma a possibilitar enriquecimento de visão e do universo interacional de crianças/adolescentes e a não fomentar discórdias em relação a essas questões.

---

12. A utilização de termos como homem-pai e mulher-mãe é extensiva a esse papel nas diferentes configurações familiares e a adoção desses termos se deu por ainda constituírem maioria nos processos da Justiça de Família e também pela própria dificuldade de se atribuírem outros termos para tais papéis.

A aproximação à realidade social das famílias, quer em nosso convívio social quer no exercício profissional, indica que estamos em meio a mudanças sociais e culturais ainda não suficientemente processadas pelas pessoas. Ter clareza dessa travessia e do não conhecimento do que existe na outra margem do rio talvez favoreça análises que evitem interpretações reducionistas e coloquem em movimento reflexões sobre o que, na atualidade, compõe o desafio da busca de liberdade, de autonomia e, ao mesmo tempo, da segurança do convívio. Assim, cabe-nos examinar as diferentes situações, em suas dimensões macro e microssociais, de modo a desvelar o que está expresso e o que expressa os diferentes modos de ser famílias.

Há de se considerar, todavia, que a diversidade ou pluralidade de modos de ser das famílias e também da vida sexual não é assimilada linearmente pela sociedade, mesmo que estejamos nos referindo a um mesmo momento histórico e de um mesmo espaço social, como uma cidade ou uma região do Brasil, por exemplo. Exemplo disso são as veementes contestações dessa diversidade por parte de setores de nossa sociedade.

Levando-se em conta somente o âmbito familiar, também vemos que cada família vivencia e expressa, de modo singular, questões que incidem sobre todas as famílias, por serem reflexo da forma como a sociedade está organizada naquele momento. Assim, ocorre também de elas se movimentarem — com ambiguidades, contradições e conflitos — entre concepções arraigadas no passado e outras que refletem as mudanças ocorridas no pós-anos 60 do século XX.

## 4.2 Parentalidade: desafios frente a questões contemporâneas

A discussão sobre parentalidade se faz oportuna pelos desafios que enseja na contemporaneidade e por constituir o aspecto de perenidade dos laços familiares, considerando a provisoriedade das relações conjugais. A definição mais simples e direta de parentalidade nos leva a algo relacionado ao pai e à mãe ou a outros adultos de referência de crianças e adolescentes.

Conceitualmente, o termo parentalidade é utilizado desde os anos 1960, inicialmente pela literatura psicanalítica francesa "[...] para marcar a dimensão de processo e de construção no exercício da relação dos pais com os filhos" (Zornig, 2010, p. 454). Parentalidade também pode ser definida como "[...] o exercício da função parental, implicando cuidados com alimentação, vestuário, educação, saúde, etc., que se tecem no cotidiano em torno do parentesco" (Ribeiro, Gomes e Moreira, 2015, p. 3592). Vemos, ainda, que Mesquita (2013) avalia ser o envolvimento parental e a coparentalidade as duas principais dimensões da parentalidade. Seria, então, algo realizado por pais ou outros adultos de referência que assegura a sobrevivência e o desenvolvimento de crianças e adolescentes.

A legislação brasileira, promulgada desde o início do século XX, também é uma fonte que nos possibilita compreender as permanências e as mudanças nessa questão, ao menos no plano formal. De seu exame, vemos, por exemplo, que as normativas legais que tratam da dissolução da sociedade conjugal pelo desquite, denominado posteriormente de separação judicial, ou pelo divórcio, embora expresse desigualdades entre o homem-pai e a mulher-mãe, no que diz respeito à guarda dos filhos, sempre preservou a relação e as responsabilidades parentais. Dispositivos legais para assegurar deveres e direitos dos pais em relação aos filhos podem ser observados em todas as normativas, cujo teor vai sendo alterado ao longo do tempo, de modo a contemplar mudanças sociais, conforme apontam os dois Códigos Civis e demais leis promulgadas no período em referência.

Nessa direção, examinando o constante nos Códigos Civis de 1916 e 2002, atualizados pelas legislações que os alteraram ao longo de suas vigências, identificamos que, no primeiro Código, os artigos 325 e 326 e seus dois parágrafos tratam da proteção à pessoa dos filhos, havendo clara diferença em relação aos direitos de pai e de mãe, conforme especificaremos no capítulo seguinte quando da discussão sobre guarda de filhos. Em 1919, por meio do Decreto n. 3.725, houve uma alteração legal relativa ao direito de permanência dos filhos com a mãe e, em 1962, a Lei n. 4.121/1962, que dispõe sobre a situação jurídica da mulher casada, retirando-a do rol dos incapazes relativamente a certos atos (art. 6º), estabeleceu que o pátrio poder, na vigência do casamento, compete a ambos os pais (Art. 380). Todavia, o Parágrafo Único desse mesmo artigo registra que, havendo divergência quanto ao exercício do pátrio poder, terá prevalência a decisão do pai, "concedendo" à mãe o direito de recorrer ao juiz para deslindar tal divergência.

Posteriormente, em 1977, a Lei n. 6.515, que instituiu o divórcio, em seu artigo 15, deixou expresso o direito de os filhos terem a visita dos pais que não detiverem sua guarda e também de ficarem em sua companhia, conforme fixado pelo juiz. Estabeleceu, ainda, que os pais não guardiões podem, também, fiscalizar a manutenção e educação dos filhos.

De forma geral, é possível constatar, nas leis de 1916 e 1962, principalmente, mas também na de 1977, que as ideias patriarcais permanecem orientando as definições legais. O poder do homem sobre a mulher e sobre os filhos é central na discussão do patriarcado e está inscrito na legislação, em maior ou menor grau, até a promulgação da CF de 1988, quando se igualou o poder de ambos na sociedade conjugal, o que ocorreu também com direitos, deveres e responsabilidades do pai e da mãe em relação aos filhos.

O Código Civil de 2002 reflete esse paradigma constitucional e no que se refere à proteção da pessoa dos filhos estabeleceu que, nos casos de dissolução da sociedade ou vínculo conjugal e do divórcio, em condições consensuais, será observado o que pai e mãe acordarem sobre a guarda dos filhos (Art. 1.583), o que já constava em normativas anteriores. Nos anos subsequentes, foram promulgadas leis que alteraram esse último Código, no que se refere à guarda de filhos, conforme veremos no capítulo V.

O ECA, cujo teor reflete diretrizes da CF de 1988 e da Convenção das Nações Unidas Sobre Direitos da Criança (promulgada no Brasil por meio do Decreto n. 99.710/1990), em especial no que se refere à proteção integral à criança e ao adolescente, dispõe sobre a igualdade de condições, do pai e da mãe, no exercício do poder familiar, na forma estabelecida pela legislação civil, e assegura o direito de qualquer um deles, em caso de discordância, recorrer à Justiça para sanar as divergências (Art. 21).

O referido Estatuto também estabelece, como incumbência dos pais, o sustento, a guarda e a educação dos filhos menores (Art. 22), constando no Parágrafo Único desse artigo: "A mãe e o pai, ou os responsáveis, têm direitos iguais e deveres e responsabilidades compartilhados no cuidado e na educação da criança". Nesse mesmo artigo e parágrafo, consta: "devendo ser resguardado o direito de transmissão familiar de suas crenças e culturas" e isso é algo que nos parece merecer a atenção dos profissionais quando da realização de estudos sociais, pois diz respeito à transmissão do patrimônio imaterial da família, aspecto fundamental para o desenvolvimento de cada um de nós. Estabelece, ainda, que a perda ou suspensão do poder familiar não poderá ser motivada pela carência de recursos materiais.

Para além dos aspectos já mencionados, como não identificamos produções do Serviço Social sobre parentalidade, aproveitamos insumos de autores de outras áreas, para esboçar algo que contribua para os assistentes sociais pensarmos essa questão. Moro (2005, p. 259) pode nos auxiliar quando refere que:

> Não nascemos pais, tornamo-nos pais... A parentalidade se fabrica com ingredientes complexos. Alguns deles são coletivos, pertencem à sociedade como um todo, mudam com o tempo, são históricos, jurídicos, sociais e culturais. Outros são mais íntimos, privados, conscientes ou inconscientes, pertencem a cada um dos dois pais enquanto pessoas, enquanto futuros pais, pertencem ao casal, à própria história familiar do pai e da mãe.

Desse entendimento de Moro (2005), podemos nos valer, no âmbito do Serviço Social, de duas ideias. A primeira é a de parentalidade como algo em construção e não como algo definido *a priori*. A segunda é a do engendramento dessa questão a partir de aspectos coletivos: os aspectos íntimos, apontados por ela como outros ingredientes da construção da parentalidade, parece-nos mais apropriados à investigação e análise das áreas de psicologia e psicanálise.

Assumir que ser pai e ser mãe é algo que vai se construindo a partir da vivência nos alerta para, enquanto profissionais, contextualizarmos a situação dos pais em termos do tempo de experiência com filhos, da forma como os pais se compuseram para assumir a condição parental e das vicissitudes desses papéis sociais. Acrescente-se, nessa construção, um conjunto de ingredientes que, de acordo com Moro (2005), são históricos, sociais, culturais e jurídicos.

Em termos jurídicos, o exame da legislação citada nos mostrou mudanças relativas a direitos e deveres de pai, de mãe ou de outros responsáveis ocorridas desde o início do século passado, as quais refletem mudanças na sociedade e apontam para a perspectiva de equidade de pais e mães no exercício parental e para salvaguardar direitos de filhos.

Todavia, temos reconhecido que as questões de famílias não se processam de forma linear, de modo que, embora do ponto vista legal tenha se caminhado para certa simetria de direitos e deveres entre pai e mãe, a realidade nos mostra algumas contradições e tensões nesse âmbito.

Nessa direção, vemos que, na atualidade, a tendência é a de as mulheres terem ativa participação no mercado formal e informal de trabalho e, geralmente, também participarem do orçamento doméstico e, com isso, há redução de tempo de permanência com os filhos. Os homens-pais, por sua vez, parecem dedicar parte de seu tempo ao papel de cuidador e de educador. Não se pode dizer, no entanto, que as questões que daí emergem estejam tendo fácil equacionamento.

Assim, as questões de parentalidade relativas à convivência social e à proteção social podem e devem ser abrangidas nos estudos sociais. Nesse sentido, é mister indagar-se sobre como pais e mães, independentemente de sua configuração familiar, estão vivenciando o possível deslocamento no papel parental, em especial, no que se refere à condição de compartilhamento, por ambos, tanto do papel de provisão do grupo familiar como do cuidado, da educação e de outros aspectos dessa relação. Buscar identificar e analisar ambivalências e tensões que podem advir desse deslocamento nos papéis parentais e de que forma podem afetar o direito de crianças e adolescentes à convivência familiar e à proteção social também merece atenção quando da realização de estudos/perícias sociais.

Como vimos, Moro (2005) defende que elementos sociais e culturais estão presentes no exercício parental e que se ligam de forma especial, profunda e precoce, com os de natureza individual e familiar. A autora avalia que os elementos culturais "[...] têm uma função preventiva ao permitir antecipar o modo de tornar-se pais e, se necessário, o modo de dar um sentido aos percalços cotidianos da relação pais-crianças, de prevenir a instalação de um sofrimento" (Moro, 2005, p. 259).

Há de se considerar, ainda, duas outras questões relativas à parentalidade. Uma diz respeito ao escape dos homens quanto a assumir a paternidade de filhos nascidos fora do casamento; a outra, aparentemente em sentido inverso, diz respeito a homens que requerem guarda compartilhada ou unilateral dos filhos, quando da interrupção da união conjugal.

A primeira questão, denominada por Thurler (2006), de "deserção da paternidade" acontece desde sempre e permanece presente em pleno século XXI, embora a Lei n. 8.560, que regula a investigação de paternidade dos filhos havidos fora do casamento, esteja em vigor desde 1992. Nosso entendimento sobre essa questão está alinhado com o da autora em referência, quando ela ressalta que o reconhecimento formal da paternidade está diretamente associado às lutas políticas e a promoção dos direitos humanos.

A luta de alguns homens pela guarda compartilhada ou unilateral de seus filhos, após o rompimento da vivência conjugal, já resultou, por exemplo, em normativas legais, mas ainda há muito o que se refletir sobre isso. Estaria esse movimento associado ao que consta em Thurler (2006, p. 698), sobre "a passagem de um exercício patriarcal para um exercício contemporâneo e cidadão da paternidade"? Poderia, de alguma forma, abrir espaço para a construção da autoridade parental em vez do poder parental?

Possivelmente, sim, mas entendemos que ainda se fará necessário um efetivo e contínuo investimento para sua consolidação. Há também de se considerar que, nesse referido movimento de maior aproximação de homens-pais em relação aos filhos, podem também estar imbricadas questões de cunho financeiro, relativas a pagamento de pensão alimentícia e outras que dizem respeito a diferenças culturais e de status sociais entre pai e mãe, além de outros aspectos. Aqui, há de se indagar sobre o que esse possível deslocamento no exercício parental pode significar para pais ou outros responsáveis, mas, sobretudo, para crianças e adolescentes.

Outra questão relativa à parentalidade, que está associada à mobilidade geográfica tão comum no mundo contemporâneo, diz respeito aos casamentos multiculturais, incluindo aqueles nos quais cada um dos pais é de um país e os filhos são brasileiros. Para além da complexidade que permeia a composição de um exercício parental alicerçado em diferentes crenças e hábitos culturais, as definições quanto à guarda dos filhos, nos casos de rompimento da relação conjugal e de mudanças de um ou de ambos os pais do Brasil, certamente emergem como aspecto que enseja atenção especial nos processos de Varas de Família e, em consequência, nos estudos sociais a eles relativos.

Assim, podemos dizer que, na contemporaneidade, são muitos os aspectos que podem provocar tensões no exercício parental, principalmente nas situações nas quais pai e mãe, ou outros responsáveis, estão afastados, seja por nunca terem tido vínculo conjugal seja por rompimento desse vínculo ou, ainda, por outras razões. E, por serem, muitos deles, reflexos de movimentos sociofamiliares da atualidade, não temos conhecimento acumulado, o que deve impelir os assistentes sociais a se movimentarem na desconfortável situação do não saber e, portanto, a se indagar sobre o significado do que se lhe apresenta, sem pré-julgamentos, ancorados no princípio ético de não discriminação, conforme preceitua o XI Princípio Fundamental do Código de Ética do/a Assistente Social.

Valer-se da Justiça de Família em busca de solução para questões conjugais e parentais significa, possivelmente, uma crença das pessoas de que nessa instância tais questões possam ser definidas não só com isenção de interesses, mas, também, a partir de apreciações que condensem especial conhecimento sobre o assunto. Nesse sentido, as situações familiares que deflagram disputas judiciais exigem análises que, para seu aprofundamento, merecem ser contextualizadas por diferentes áreas do saber, das quais o Serviço Social tem centralidade nesta obra.

## Capítulo 5
# Dimensão social dos litígios de Varas de Família:
## demandas e especificidades na atuação do assistente social

Como já indicado nos capítulos anteriores, visões formalmente ultrapassadas continuam permeando a realidade das famílias contemporâneas. Essa imbricação entre o "velho" e o "novo" desencadeia questões, algumas delas muito expressivas, que exigem constante reflexão dos profissionais. Assim, a elaboração de entendimentos sobre as demandas, por parte de peritos e assistentes técnicos, requer cuidadosa análise do contexto e do percurso sociofamiliar, de modo a se compreenderem vivências anteriores que têm incidência na situação atual.

Nesse sentido, algumas indagações, associadas à historicidade do papel parental, se fazem presentes: as mães estão conseguindo se deslocar de seu papel clássico e compreender que, frente ao rompimento conjugal, compartilhar efetivamente o cuidado e a proteção social dos filhos com o pai pode favorecer o bem-estar e o desenvolvimento dos filhos? Que motivos embasam o expressivo movimento dos pais, talvez majoritariamente os de camadas médias, na busca de convívio mais próximo e frequente com seus filhos? De algum modo, estariam as mulheres-mães vivenciando essa mudança com certo sentimento de perda em seu papel de cuidadora, não compensada pela "intensificação" de sua condição de também provedora? E os pais, será que eles "descobriram" riqueza na junção dos papéis de provedor e de cuidado e educação dos filhos? Que outros interesses poderiam estar presentes na pretensão de guarda compartilhada por parte de homens-pais?

Nessa direção, aos profissionais cabe avaliar, considerando nossa particularidade profissional, a contribuição vinculada ao projeto ético-político e a apreensão e análise da dimensão social dos litígios de famílias, em suas várias expressões, como estão sendo registrados em relatórios e laudos questões como: transformações das famílias; desigualdade de gênero presentes nas relações familiares; relação entre guarda compartilhada e igualdade ou equidade parental; direito de crianças e adolescentes à convivência familiar; alienação parental ou óbices para a convivência com ambos os ramos familiares enquanto expressão da questão social.

Essas questões remetem à análise das relações familiares contemporâneas e ao exame da legislação sobre a temática. A aprovação de leis é, geralmente, influenciada por grupos específicos e a insuficiente discussão por parte de diferentes setores sociais, no processo de formulação e trâmite de leis, acaba por não favorecer a assimilação de um novo ideário sobre o assunto, o que pode contribuir para judicializar muitas questões. É notório que a publicação de leis institui e regula direitos, mas, por si só, não redefine, pelo menos de imediato, visões socialmente arraigadas.

Vale lembrar que aspectos históricos e culturais refletidos na legislação apontavam, até muito recentemente, para o não compartilhamento do cuidado de crianças e adolescentes, quando da separação litigiosa dos pais. No Código Civil de 1916, já estava previsto o direito de os pais tomarem a decisão sobre a guarda dos filhos, no caso de a dissolução do casamento ter sido feita de forma amigável (Art. 325), mas, no artigo 326 e nos parágrafos que dispunham da guarda, no caso de o desquite ou separação ter se efetivado pela via judicial, o entendimento é separatista. Estabelecia, por exemplo, que os filhos menores ficavam com o cônjuge inocente e que, no caso de ambos os cônjuges serem culpados, a mãe teria o direito de ficar com as filhas, enquanto menores, e com os filhos até os seis anos (§ 1º), passando, então, os filhos para a guarda do pai (§ 2º).

Observa-se, nesse artigo 326, a separação dos filhos, por razão de sexo e idade, quando ambos os pais tivessem sido considerados culpados, quando do desquite. Essa questão, considerada inadmissível na atualidade, perdurou por quase 50 anos, pois só com a promulgação da Lei n. 4.121, de 1962, foi redefinida, de modo que os filhos menores ficassem com a mãe, exceto nos casos em que o juiz verificasse que daí poderia advir "prejuízo de ordem moral" para os filhos.

Diferentemente, o Código Civil de 2002 reflete paradigma constitucional no que se refere à proteção da pessoa dos filhos e preserva o direito de os pais decidirem sobre a guarda dos filhos ou, no caso de não haver acordo por parte dos pais, estabelece a guarda unilateral ou compartilhada (Art. 1.583). E é sobre esses dois diferentes tipos de guarda que as disputas judiciais de Vara de Família se centram, demarcando uma clara evolução se comparado ao estabelecido no Código Civil de 1916.

Atualmente, nos processos judiciais de definição e modificação de guarda, questões relativas à alienação parental e ao compartilhamento da guarda de filhos por ambos os pais têm sido recorrentes, razão por que as estamos privilegiando neste capítulo.

## 5.1 Alienação parental: a construção de entendimentos no Serviço Social

Assim como outras temáticas relacionadas à Justiça de Família, a alienação parental não tem sido suficientemente pesquisada no Serviço Social embora faça parte do cotidiano profissional dos assistentes sociais que trabalham nesse espaço ocupacional. Com a aprovação da Lei n. 12.318/2010, que dispõe sobre alienação parental e altera o art. 236 do ECA, prevendo, inclusive, aplicação de multa e inversão da guarda caso se comprove essa prática, tornaram-se cada vez mais recorrentes demandas judiciais com tal alegação. Isso maximiza as inquietações a respeito de nossa particularidade profissional sobre o tema, vinculada a nosso projeto ético-político.

Nesse sentido e em face das produções teóricas sobre a temática serem, em sua maioria, do Direito e da Psicologia, o que deixa os aspectos sociais sem visibilidade e insuficientemente pensados, os assistentes sociais veem a necessidade de buscar fundamentos teóricos compatíveis com a área, realizando, então, nos últimos dois anos, alguns estudos acadêmicos.

Nossa reflexão parte da produção de Hümmelgen e Cangussú (2017), pesquisadores da área do Direito, que compreendem a alienação parental como um fenômeno complexo e propõem um debate na perspectiva interdisciplinar, articulado às particularidades das relações de gênero e da construção social dos lugares de pai e mãe. Criticando a suposta neutralidade do Direito e das formulações teóricas pautadas em ideias abstrato-normativas, em geral sem pesquisa de campo, os autores analisam textos e doutrinas jurídicas sobre alienação parental, e os resultados dessa análise identificam opiniões homogêneas que se repetem e reproduzem estereótipos ligados ao feminino. Embora os textos mencionem que a maioria dos alienadores seja a mulher, continuam usando "alienador e alienado", numa suposta neutralidade ancorada no uso genérico do masculino, o que os autores referendam como insensibilidade ao gênero.

Os autores classificam os perfis e padrões de comportamento estereotipados que, em geral, se encontram nos textos jurídicos a partir de três imagens femininas: (i) a mãe egoísta e controladora — aquela que, sendo central no cuidado e no convívio com o filho, não admite que ele conviva com outra pessoa, fazendo uso de artifícios para seu afastamento do pai; (ii) a ex-cônjuge ciumenta e vingativa — mulher que reage mal frente à nova relação amorosa do ex-marido, estabelecida por traição conjugal ou mesmo após a separação; (iii) a alienadora mentirosa e paranoica — a genitora que faz falsas alegações de abuso sexual, com intuito de afastar os filhos da figura paterna.

A insensibilidade de gênero, discussão realizada pelos autores com base em Alda Facio (1999)[1], reflete a desatenção sobre formas distintas do homem e da mulher vivenciarem o mesmo fenômeno, ao se levar em conta os papéis sociais, a valorização cultural de cada um e a posição de menor poder das mulheres. Dessa maneira, analisam que, embora os estereótipos anteriormente explicitados estejam relacionados às mulheres, os textos pesquisados pouco tratam das razões de a prática de suposta alienação parental se dar por elas.

Em relação ao que Hümmelgen e Cangussú (2017) denominam de insensibilidade de gênero por parte de autores do Direito, cabe aos assistentes sociais examinarem se, em suas produções técnicas, estão ocorrendo, também, certa indiferença ou desatenção às questões de gênero. Indagar-se sobre a apreensão e a análise das situações apresentadas pelas famílias, no que diz respeito a essa questão, impõe-se, então, aos profissionais quando da realização de estudos/perícias sociais.

No âmbito do Serviço Social, para fins dessa discussão, recorremos às produções de Lima (2016), Batista (2016), Montaño (2016) e Rocha e Souza (2018)[2]. Esses autores compartilham o entendimento de que a alienação parental é uma expressão da questão social e, portanto, objeto de estudo do Serviço Social.

A contribuição de Lima (2016), para a análise de alienação parental no âmbito social, vincula-se, em especial, às transformações sócio-históricas das famílias, o que se constitui como eixo central para o assistente social entender e analisar os conflitos judiciais das famílias atendidas nas Varas de Família, alinhando suas ideias também ao projeto ético-político da profissão.

---

1. FACIO, Alda. Hacia outra teoria crítica Del Derecho. In: *Género y Derecho*. Santiago: LOM Ediciones, 1999.

2. Diferentemente de Lima (2016), Batista (2016) e Rocha e Souza (2018), cujos estudos refletem suas experiências profissionais no Judiciário, Montaño (2016), conhecido pela abordagem de temas macrossociais, indicou nessa obra (p.17-18), que seu interesse em pesquisar "guarda compartilhada" e "alienação parental" emergiu da articulação de seus vários papéis, com destaque para o paterno.

Da produção de Batista (2016), salientamos a discussão sobre alienação parental considerando as dimensões socioculturais dos papéis de homem/pai e de mulher/mãe e suas transformações na sociedade contemporânea, que podem resultar em conflitos para os quais se busca a intervenção judiciária. Em suas análises, a autora se subsidia também no projeto ético-político de nossa profissão, nas políticas sociais e no acesso (ou não) a demais direitos na sociedade capitalista contemporânea, demarcando a fragilidade na efetivação de ambos, o que resulta no fenômeno da judicialização de questões de âmbito social.

Montaño (2016, p. 260), por sua vez, apoiado na perspectiva marxista, em especial na categoria "totalidade", que "exige abordar o tema nas suas múltiplas determinações", destaca as mudanças legais que incidem nas famílias, focando especialmente na alienação parental e na guarda compartilhada. Ressalta ainda a "timidez" do Serviço Social frente a tais temas, propondo que sejam assumidos como agenda política da profissão.

Rocha e Souza (2018) apresentam um histórico da produção sobre alienação parental, problematizam a legislação[3] e indagam sobre a contribuição de perícias, tanto a social quanto a psicológica, na análise de situações que envolvem alegações de alienação parental. Nessa direção, levantam dois aspectos importantes para reflexão dessa temática: a reprodução do senso comum e a produção de provas que possam vir a se constituir em elementos de criminalização ou de acirramento de conflitos.

Ao conteúdo dessas produções, que constituem efetiva contribuição para a análise social da temática, acrescentamos também a necessária atenção

---

3. Nesse sentido, o Conselho Nacional dos Direitos da Criança e do Adolescente — Conanda, em 30 de agosto de 2018, emitiu Nota Pública sobre a Lei da Alienação Parental, na qual aponta questões relativas à fundamentação do conceito de "alienação parental", à insuficiente discussão da lei antes de sua aprovação, à própria adequação da lei e, por fim, sugere a revogação do inciso VI do artigo 2º e dos incisos V, VI e VII do artigo 6º da Lei n. 12.318/2010. Essa lei também é matéria de discussão no PL n. 10.639/2018, de autoria do deputado Flavinho (PSC-SP), que propõe sua revogação, e no PL n. 10.712/2018, de autoria da deputada Soraya Santos (PMDB-RJ), que propõe alterações na referida lei, ambos em tramitação na Câmara dos Deputados.

às questões associadas às relações sociais de gênero para o aprofundamento analítico nessas situações familiares que se constituem em disputas judiciais. Nesse sentido, levar em conta as mudanças pelas quais têm passado as famílias nos últimos tempos, incluindo as que dizem respeito a gênero e suas implicações nas relações e no rompimento conjugal, poderia favorecer uma compreensão mais aprofundada do litígio e possibilitar reflexões sobre estratégias que propiciassem, quem sabe, a recomposição da convivência social de crianças e adolescentes com seus dois ramos parentais e seus espaços de pertencimento, em condições dignas, mesmo com a separação dos pais.

O exame dessas produções remete a alguns questionamentos que podem oferecer indicativos para estudos/perícias sociais, entre os quais ressaltamos: Como o homem e a mulher que disputam a guarda dos filhos viveram a união conjugal? Os pactos feitos pelo casal para organização da vida familiar eram compatíveis com a equidade de poder entre marido e mulher e levavam em conta a igualdade parental? Como viveram o tornar-se pai e mãe? Qual o significado da separação para cada um? Que interferência tem o contexto social nas atitudes daquela mulher/mãe ou daquele homem/pai que apresenta indicativos de prática do que é denominado na lei como "atos de alienação parental"? Sendo a família espaço de reprodução de desigualdades e de poder presentes na sociedade, há histórico de violência doméstica que possa contribuir para isso? Ainda que tais questões não possam ser respondidas objetivamente, elas podem contribuir para ampliar a compreensão sobre a realidade social.

Outra questão que nos parece pertinente discutirmos diz respeito ao posicionamento do assistente social quanto à afirmação ou não da ocorrência de atos de alienação parental. Montaño (2016), por exemplo, entende que esse posicionamento faz parte do papel do assistente social; já Lima (2016) e Batista (2016) explicitam que essa questão tem entendimentos diferentes no meio profissional, inclusive por aspectos trazidos pela legislação específica do tema. Por essa razão, essas autoras defendem que o assistente social deve se centrar na existência (ou não) de óbices à convivência familiar.

Consideramos que, do ponto de vista social, as situações designadas no processo judicial como alienação parental devem ser apreendidas a partir do direito à convivência social (familiar e comunitária) e da equidade de direitos e deveres entre pai e mãe. A base disso é o entendimento de que o compartilhamento da proteção, do cuidado e do convívio é fundamental para o processo de socialização dos filhos.

Essas situações denominadas de alienação parental, quando analisadas tomando-se como foco as relações sociais de gênero e as questões étnicas, certamente representam uma particularidade do Serviço Social, visto que podem desvelar expressões da questão social e constituir fundamental contribuição para a compreensão do objeto da disputa judicial. O posicionamento quanto à equidade parental, pressuposto legal da sociedade contemporânea, passa pelo reconhecimento da assimetria nas relações de poder do par parental, reflexo de uma sociedade que ainda não superou, no plano social, o ideário patriarcal.

## 5.2 Guarda compartilhada: apreensões do ponto de vista do Serviço Social

A experiência profissional nos autoriza a afirmar que, no que se refere à guarda compartilhada, muitas de suas questões se imbricam às de alienação parental. Sobre isso existe, inclusive, uma indagação recorrente: a guarda compartilhada é preventiva à alienação parental?

Examinando a legislação sobre esses dois temas, vemos que, em 2008, por meio da Lei n. 11.698, a guarda compartilhada foi instituída, disciplinada e incluída no Código Civil (Art. 1583, § 1º). A partir de então, fica estabelecida a guarda como sendo unilateral (atribuída a um só dos genitores ou a alguém que o substitua) ou compartilhada (responsabilização conjunta e o exercício de direitos e deveres do pai e da mãe que não vivam sob o mesmo teto, concernentes ao poder familiar dos filhos comuns).

Posteriormente, por força da Lei n. 13.058/2014, que estabeleceu o significado da expressão "guarda compartilhada" e dispôs sobre sua aplicação, ocorreu nova alteração no artigo 1.583 do Código Civil atual. Constitui-se, então, um instrumento para efetivação de equilíbrio do tempo de convívio dos filhos com o pai e a mãe, considerando-se, claro, as condições para tanto e os interesses dos filhos.

Pelo menos do ponto de vista formal, no que se refere à guarda dos filhos, a partir de 2014, observa-se, no Código Civil, prevalência da guarda compartilhada. Desse modo, conforme nova redação dada pela Lei n. 13.058/2014, em não havendo acordo entre os pais quanto à guarda dos filhos, observa-se o que define o Artigo 1.584, em seu § 2º: "[...] encontrando-se ambos os genitores aptos a exercer o poder familiar, será aplicada a guarda compartilhada, salvo se um dos genitores declarar ao magistrado que não deseja a guarda do menor". Todavia, no Artigo 1.586, consta a possibilidade de o juiz, frente à existência de motivos graves, regular a guarda de outra maneira, de modo a preservar o bem dos filhos.

Também o papel da equipe técnica do Judiciário ficou estabelecido nesse artigo 1.584, § 3º, a partir da publicação da Lei n. 13.058/2014, como sendo de orientação técnico-profissional, com vistas à "divisão equilibrada do tempo com o pai e com a mãe". Essa orientação técnica pode embasar as decisões do juiz quanto às atribuições do pai e da mãe e os períodos de convivência, quando decretada a guarda compartilhada.

Essas leis promulgadas na última década parecem convergir para uma redefinição do papel da mulher-mãe frente aos filhos. A essa legislação somam-se vicissitudes socioeconômicas que inviabilizam à maioria das famílias ter um provedor exclusivo e impulsionam a mulher à condição de trabalhadora, configurando um panorama no qual torna insustentável a permanência da clássica divisão de papéis relativos ao provimento da família e ao cuidado dos filhos. Contudo, isso não significa que mães e pais já tenham assimilado em seus papéis a noção de compartilhamento igualitário relativo ao cuidado dos filhos e ao provimento do grupo familiar. Nesse sentido, percebe-se uma diferença entre o homem/pai e a mulher/mãe no que se refere à redefinição do lugar que ocupam em relação aos filhos, conforme vimos no capítulo IV.

Assim, se faz indispensável um exame cuidadoso por parte dos assistentes sociais atuantes nas Varas de Família quanto ao compartilhamento do cuidado dos filhos e ao posicionamento expresso em relatórios e laudos sociais, inclusive ao que se refere à possível permanência da ideia de que a guarda compartilhada só pode ser efetivada se os pais tiverem diálogo amistoso.

No meio jurídico, inclusive nos setores técnicos, essa ideia tem sido disseminada por uns e combatida por outros, mas, com vistas à elucidação da questão, seria oportuno indagar-se se, em tendo os pais diálogo amistoso, haveria processo judicial com determinação de perícia social e psicológica para definição de guarda de filhos. Independentemente da qualidade do diálogo dos pais, talvez a indagação primordial para se pensar o compartilhamento do cuidado dos filhos é se o bem-estar deles estará mais bem assegurado no convívio de ambos os genitores e de suas famílias extensas, em condições equânimes, ou se, principalmente, na companhia de um deles.

Montaño (2016) entende que a concessão da guarda unilateral pode exacerbar o poder do guardião, contribuindo para a desigualdade de poder familiar entre os pais. O autor também aventa a possibilidade de a guarda unilateral favorecer práticas de alienação parental que, por vezes, envolve a falsa denúncia de abuso sexual.

É ainda Montaño (2016) que nos provoca a refletir sobre o que ele chama de "mitos" presentes no debate sobre guarda compartilhada, tais como a recorrente defesa da necessidade de se garantir a rotina e a "estabilidade" da criança em uma única casa. Para ele, havendo disponibilidade de ambos os pais, deve ser assegurada a convivência do filho em tempo equânime entre os pais, com alternância de moradia. A seu ver, o que garante a estabilidade da criança é o convívio saudável com pai e mãe. A casa é uma decorrência disso. A guarda compartilhada, estabelecendo-se como eixo de moradia a casa materna é, para esse autor, "guarda compartilhada com guarda física unilateral".

Nessa perspectiva, Lima (2016) entende que, do ponto de vista social, considerando o eixo do direito à convivência familiar e comunitária, todos os pais deveriam exercer a guarda compartilhada. Avalia, ainda, que independente da modalidade de guarda, o que demarca e fortalece as relações entre pais e filhos são a forma de comunicação, as vivências construídas e a atenção dos pais às necessidades materiais e afetivas de seus filhos, incluindo o direito à convivência familiar deles.

O posicionamento relativo à convivência social passa pelo entendimento que tem o assistente social dessa questão em si e da defesa ou não da equidade parental. Desse modo, parece fundamental que a reflexão dessas duas questões faça parte do cotidiano de trabalho do conjunto dos profissionais, com vistas a análises e pareceres sociais que expressem efetiva defesa desse e de outros direitos de crianças e adolescentes.

Observa-se também que muitos e volumosos processos judiciais das Varas de Família não têm como questão principal a violação do direito à convivência com ambos os pais e seus familiares, tendo em vista já ter sido estabelecido convívio dos filhos com pai e mãe, de forma relativamente equilibrada. O que se verifica nesses processos são conflitos expressos por ex-casais que não esgotaram divergências inerentes ao que deveria ser da autonomia e gerência familiar.

As reflexões advindas de nosso cotidiano de trabalho e do diálogo em espaços que congregam assistentes sociais atuantes na Justiça de Família indicam que um dos principais óbices ao compartilhamento equânime entre os filhos e os dois ramos parentais, excetuando-se os casos de violência intrafamiliar, está associado a ainda não efetiva assimilação da igualdade parental na proteção e cuidado de crianças e adolescentes pela sociedade, mesmo em pleno século XXI. Embora as famílias estejam se deslocando entre diferentes modos de organização, conforme vimos nos capítulos III e IV, aparentemente, os papéis materno e paterno ainda tendem a se ancorar em uma visão mais clássica, na qual o cuidado dos filhos está mais associado à mãe.

Há de se ter atenção para, na realização de estudos/perícias e nas análises registradas em relatórios e laudos sociais, não se resvalar para os estereótipos descritos por Hümmelgen e Cangussú (2017) em relação à mãe, mas também não se deixar de considerar a possível justeza das solicitações paternas quanto à ampliação de convivência com os filhos.

A perspectiva é, então, a de que estudos/perícias sociais possam favorecer a reflexão do pai e da mãe, ou de outros responsáveis, quanto à equidade parental na proteção e cuidado dos filhos, quer nas situações cujo teor do processo relacione-se à suposta alienação parental quer naquelas que dizem respeito à guarda compartilhada. Entendemos, igualmente, que o registro claro, coerente e consistente dos estudos/perícias sociais em relatórios/laudos sociais deve ofertar às autoridades judiciárias análises que contribuam para uma compreensão mais ampla e contemporânea do papel parental.

## 5.3 Da conjugalidade à parentalidade: desvelando questões no âmbito do Serviço Social

Dada a densidade das questões constantes neste capítulo V, consideramos oportuna a apresentação de uma situação empírica[4]: a do ex-casal Jorge e Miriam e do filho Caio. Essa situação servirá de parâmetro para pensarmos como se expressa no trabalho cotidiano e como pode ser analisada em vivências singulares que se apresentam nos processos judiciais, cuja demanda para a realização de estudo/perícia social envolve alegação de alienação parental.

Jorge e Miriam namoraram por sete anos, mantiveram-se casados por seis, estando o único filho, Caio, com cinco anos por ocasião da separação, ocorrida em 2016.

Usufruindo de padrão compatível com classe média, quando Caio nasceu, ambos acordaram que ela sairia do emprego para cuidar do filho.

---

4. Com vistas a resguardar o devido sigilo, atribuímos nomes fictícios às pessoas que fazem parte desse relato sintético de conflito jurídico familiar, assim como alteramos algumas informações da situação em foco.

Porém, a decisão pelo término da união e a saída de Jorge da casa surpreendeu Miriam pela rapidez como aconteceu e por ela não ter identificado que o casamento estivesse em crise. Sua primeira providência foi buscar emprego, o que conseguiu em curto prazo, embora com remuneração e responsabilidade inferiores ao seu histórico de trabalho. Após o horário escolar, Caio passou a ser cuidado pelos avós e tios maternos que moram no mesmo bairro.

Feito isso, Jorge encaminhou os procedimentos legais para formalizar a situação: abriu mão de sua parte no apartamento comum, para que o filho continuasse morando com a mãe no mesmo local e definiu valor de pensão para o filho. Chegaram ao acordo de guarda compartilhada com eixo de moradia de Caio junto à mãe e convívio com o pai por um dia durante a semana (com pernoite) e fins de semana quinzenais (de sexta a segunda).

Assim que saiu da moradia comum, Jorge morou provisoriamente com uma tia. Poucos meses depois, assumiu um namoro com Mariana, separada do primeiro casamento, com um filho na mesma idade de Caio, e com ela foi morar. Nesse contexto, logo após a definição judicial, Jorge entrou com novo processo para pedir que o filho alternasse moradia — uma semana em cada casa —, alegando alienação parental praticada pela mãe.

Segundo ele, Caio tinha crises de choro por se sentir culpado em usufruir momentos de alegria na casa do pai devido à boa relação com a madrasta e o filho dela. Acrescentou que Miriam desqualificava a companheira dele e o enteado, frente a Caio. A seu ver, se o filho ficasse mais tempo em sua companhia, se sentiria mais seguro.

A mãe, Miriam, negou que praticasse alienação parental, afirmando que algumas atitudes que ocorreram no início da separação já teriam sido superadas. Ponderou estar cumprindo a regulamentação judicial quanto ao tempo de convívio do filho com o pai, desejando que assim prevalecesse por considerar que o filho ainda estava se adaptando ao contexto de mudanças, não sendo bom para ele ser exposto a outras.

Durante a realização do estudo social, Jorge e Miriam revelaram um histórico cujos indícios levavam à compreensão de que o casamento deles fora planejado, estabelecendo-se uma parceria para que, gradativamente, atingissem seus objetivos. Relataram que, nos dois primeiros anos de casamento, ambos trabalhavam e compartilhavam algumas atividades de reprodução social da vida cotidiana, especialmente compras e preparo de alimentação. Nessa época, contavam com apoio de trabalhadora diarista, mas a impressão deixada foi a de que a maior parte das tarefas domésticas eram centradas em Miriam.

Observa-se, assim, uma mescla no funcionamento do ex-casal, com aspectos comuns a uma parceria conjugal na qual havia simetria de poder entre eles e coparticipação no provimento da família e outros compatíveis com a clássica divisão desigual de tarefas domésticas entre homem e mulher, ainda que ela também tivesse ocupação profissional e participação no orçamento familiar.

Numa primeira aproximação à realidade social da família, não havia indicativos de pobreza, de não acesso a serviços, bens e direitos nem de outras questões significativas em qualquer um dos cônjuges. A situação socioeconômica e o acesso a bens e serviços, em geral, privados, típicos de classe média, se mostravam equivalentes entre Jorge e Miriam.

Ambos são brancos, estão na mesma faixa etária, têm o mesmo grau de instrução formal e estavam inseridos no mercado formal de trabalho. A renda salarial de Miriam era menor do que a de Jorge, o que reflete a histórica desigualdade de rendimentos entre homens e mulheres na sociedade brasileira, tendo se acentuado após a separação, por ela ter se afastado do mundo do trabalho por quase seis anos, período em que esteve voltada para a reprodução social da família. Mas a ela coube usufruir a moradia no apartamento que era do casal, o que diminuiu possíveis despesas, enquanto ele passou a pagar aluguel e pensão para o filho. Frente a essa realidade, que expressões da questão social estariam presentes na vivência de Jorge, Miriam e Caio que não se colocaram no imediato?

Partindo do norte de defesa do direito à convivência familiar e comunitária e da equidade parental na proteção, cuidado e educação dos filhos, defendidos nesta obra, a situação aparente indicava que a dificuldade apresentada para o convívio pai e filho estava mais relacionada à dimensão emocional, que seria objeto de avaliação da psicologia. Entretanto, em análise mais acurada, emergem questões relativas a gênero, as quais nos dão pistas sobre o teor da situação atual.

Buscando compreender como ambos viveram o tornar-se pai e mãe, concluímos que, assim como para o casamento, o projeto de terem um filho foi planejado por ambos, considerando-se vários fatores, inclusive os econômicos. Quando ocorreu a gravidez, embora Miriam gostasse do trabalho que desenvolvia e o rendimento dela fosse importante para manter o padrão de vida familiar, houve um acordo de ela se dedicar aos cuidados do filho e da casa. Logo, o casal estabeleceu uma diretriz que reforça o entendimento clássico da mulher como principal responsável pelo cuidado dos filhos.

De acordo com relatos de ambos, a rotina de Miriam passou a ser pautada pela do filho. Com a inserção dele na escola, por meio período, ela se dedicava à organização e à administração da casa e da vida familiar, além de prestar algum apoio aos seus pais, quando necessário. Jorge saía cedo e voltava à noite. Quando presente, além de brincar com o filho, também realizava cuidados com higiene e alimentação dele e, eventualmente, compras para abastecer a casa.

Ambos também relataram momentos de alegria e vida social e familiar girando em torno do filho. Assim, enquanto Miriam se manteve voltada para a vida doméstico-familiar, Jorge manteve sua sociabilidade para além da vida familiar. Com isso, percebe-se que a parceria conjugal foi enfraquecida ao se tornarem pais. De fato, conquanto tenham desenvolvido parceria parental, a diretriz que assumiram, quando do nascimento da criança, colocou Miriam como central no desempenho das funções relativas ao filho.

O legado histórico-cultural centraliza a mulher em torno da vida familiar, e isso é acrescido da idealização da maternidade, mas, aparentemente, Miriam havia se deslocado desse ideário ao investir em sua formação educacional e profissional. O que significou, para ela, esse afastamento do mundo do trabalho e a dedicação exclusiva ao mundo doméstico? Em relação a Jorge, o que teria significado para ele assumir o papel clássico de provedor exclusivo da família?

Miriam revelou que a decisão de Jorge por se separar a obrigou a se confrontar com significativas mudanças em sua vida, para as quais não havia sido convidada a pensar, rompendo-se o pacto de compartilhamento dos planos, o que era de costume entre eles. Refletiu que, durante o período inicial da separação, seu sofrimento era tamanho que não foi possível poupar o filho de vê-la chorar, descontrolar-se e brigar. Isso o deixava triste e preocupado com ela.

Em relação a Jorge, não conseguimos aprofundar a compreensão de como a separação foi vivida por ele. Embora ele se mostrasse mais extrovertido que Miriam, pouco quis falar sobre seu casamento e a separação. Discorreu, a maior parte do tempo, com indignação, sobre as dificuldades do filho que eram causadas pelo comportamento materno. Também falou com alegria e entusiasmo sobre a rotina em seu novo relacionamento, levando-nos a considerar que ele teria rompido efetivamente com o anterior e construído um novo, no qual, aparentemente, reviu pactos feitos no casamento anterior, vez que a companheira atual compartilha mundo doméstico e mundo do trabalho.

Considerando o enfoque de Hümmelgen e Cangussú (2017), Miriam poderia ser classificada no estereótipo "mãe egoísta e controladora"; afinal, ela não concebia a ideia de o filho conviver com a atual mulher do pai e o filho dela nem estabelecer uma relação afetiva com eles. Mas, como vimos, a situação enseja uma complexidade que não pode se restringir a esse estereótipo.

Há de se refletir sobre a dificuldade de Miriam em concordar com a proposta paterna, na qual o filho residiria uma semana com cada um, posto que a diretriz familiar estabelecida antes do rompimento conjugal reforçava o papel da mãe como central no cuidado do filho. Assim, de um lado, é compreensível sua dificuldade em permanecer sete dias longe do filho, tendo em vista que, durante o casamento, fora estimulada a ficar permanentemente com ele.

De outro lado, também pode ser entendido como justo o interesse do pai em ampliar o convívio com o filho. Em que pese a observada dificuldade de diálogo entre Jorge e Miriam, mesmo durante o casamento, é importante refletir com esses pais no sentido de eles comporem um acordo em que essas questões possam ser redefinidas gradualmente em prol da equidade de convívio parental. Isso, possivelmente, colaboraria para o alcance de bem-estar dessas três pessoas, especialmente do filho.

A partir do contido nos capítulos anteriores e neste e, especialmente, pelos dados do caso em análise, somos provocadas a pensar se homem e mulher vivem e significam da mesma maneira fenômenos como união conjugal/separação e paternidade/maternidade. A partir do que Miriam e Jorge se dispuseram a expor durante a realização da perícia social, compreendemos que os possíveis óbices para o compartilhamento do cuidado parental resultaram de um processo em que ambos têm parcela de responsabilidade.

Nesse sentido, o relato de Miriam referente à vivência conjugal, embora tenha versado sobre um convívio marcado pelo compartilhamento de atividades rotineiras e cordialidade, revelou não ter havido efetivo diálogo entre eles sobre as decisões tomadas. Depreendeu-se reprodução de desigualdades sociais, inclusive as de gênero, vivência pressuposta nas famílias, também na atualidade.

É possível, então, que a diretriz estabelecida por eles para a organização da vida familiar, com a clássica divisão de papéis entre o homem e a mulher, tenha deixado ambos insatisfeitos, tendo ele rompido com essa organização, mas, novamente, sem o devido diálogo com a então esposa. Pelo que pudemos apreender, coube a ela ter de efetivar muitas mudanças em curto espaço de tempo. Esse panorama leva ao entendimento de que Miriam, ao não concordar com a proposta de moradia alternada do filho, por sete dias seguidos, teria o propósito de evitar mais uma mudança para si e não, necessariamente, dificultar o convívio paterno-filial.

Em relação a Caio, o que pudemos perceber foi que ele, em poucos meses, passou por mudanças importantes em sua rotina. Antes, pautada pela presença constante da mãe e diária do pai, nos moldes de funcionamento da família com traços patriarcais, viveu, repentinamente, o afastamento do pai, que deixou a casa, e, de certa forma, também o da mãe, que foi trabalhar, passando ele a vê-la somente no fim da tarde. A partir de então, o convívio com os avós e a tia materna se intensificou, porque eles se revezavam para buscá-lo na escola e cuidar dele até a mãe chegar. Curiosamente, Caio trouxe como maior preocupação "ser esquecido" na escola, indicando que tais mudanças ainda não foram assimiladas por ele.

Caio demonstrou que sua vontade era a de que os pais continuassem a viver juntos, mas valorizou o fato de a nova companheira do pai ter um filho, a quem chama de amigo-irmão, parecendo achar essa ideia interessante. Fez também várias queixas sobre ele, relatando situações típicas das disputas em crianças da mesma faixa etária. Revelou ambivalências como a de não estar preocupado com seu lugar de filho em relação ao pai, mas indicou situações de disputa da atenção da madrasta, assim como a valorização do condomínio no qual fica a casa paterna e, ao mesmo tempo, a saudade da mãe quando lá permanece e o medo de não mais poder vê-la.

Aparentemente, Caio está, a seu modo, adaptando-se à nova rotina e, a partir da separação dos pais, passou a receber maior influência paterna em seu processo de socialização, o que, à primeira vista, está contribuindo para seu desenvolvimento. Isso nos faz compreender uma das queixas de Jorge, que se refere à proteção materna, considerada por ele como exagerada e prejudicial à autonomia do filho. Também nos remete à importância do compartilhamento do convívio parental, embora se deva avaliar se a proposta do pai de alternância de moradia por uma semana inteira, com permanência de escola, mas contando com a retaguarda de sua atual sogra para o cuidado de Caio no contra turno escolar, constitua bem-estar para a criança, neste momento.

Considerando que temos nos questionado se, nos estudos/perícias sociais, temos dedicado a devida atenção à apreensão e à análise do que emerge de crianças/adolescentes, ficamos nos indagando se, no caso empírico relatado, conseguimos contemplar as questões apresentadas por Caio. A impressão que temos é de certa tendência dos assistentes sociais em se centrarem no que emerge dos pais e de outros adultos responsáveis ou pertencentes à rede relacional de crianças/adolescentes.

Não obstante esse questionamento, temos clareza de que, assim como em outras análises de famílias, a desta, para ser feita com certa consistência, tem de levar em conta que a situação presente está diretamente associada a vivências anteriores. Possíveis acordos desses ex-cônjuges passarão, necessariamente, pela reflexão de questões associadas à organização familiar anterior ao casamento, às relações de gênero por eles estabelecidas e também a visões sobre maternidade e paternidade construídas por ambos, inclusive a partir de vivências em suas famílias de origem.

A análise dessa situação empírica indica que, no âmbito da atuação da/o assistente social na Justiça de Família, trazer à tona processos sociais relacionados à história de vida dos envolvidos e ao convívio social antes e durante a vivência conjugal pode promover uma nova visão sobre maternidade e paternidade, que se aproxime de equidade na relação parental. Evidentemente, essa perspectiva se fortalecerá com a possibilidade do acesso de indivíduos e famílias a políticas públicas que deem suporte às famílias no cuidado e proteção dos filhos. O registro analítico, claro e consistente dessa concepção, em relatórios e laudos sociais, pode concorrer também para uma percepção mais ampliada, pela autoridade judiciária, da situação sociofamiliar presente na disputa judicial e para decisões que melhor atendam aos interesses dos envolvidos, sobretudo de crianças e adolescentes.

Além de demandas relativas à guarda, à modificação de guarda e à regulamentação de visitas, muitas delas permeadas por alegação de alienação parental, como essa ilustrada na situação empírica analisada, outras fazem parte da atuação do assistente social na Justiça de Família, entre as quais destacamos a interdição judicial e a retificação do nome e do sexo jurídico no registro de nascimento de pessoa transgênero. Realizamos considerável pesquisa sobre ambas, mas não foi possível aqui abordá-las pelo limite (quantitativo) deste texto; queremos, entretanto, remeter o leitor às obras de Barison (2016) e de Medeiros (2008), sobre interdição judicial, e de Rocha e Santos (2017) e de Ferreira (2018), sobre retificação do nome e do sexo jurídico no registro de nascimento de pessoa transgênero.

# Notas finais: construindo trilhas...

Chegamos às notas finais enriquecidas pelo processo de elaboração desta obra e com o entendimento consolidado de que análises sociais consistentes podem contribuir para decisões judiciais mais consonantes às realidades sociais das famílias e, consequentemente, para assegurar direitos.

Nessa direção, aprofundar a discussão conceitual na perspectiva histórico-crítica, articulando-a a situações empíricas, indica que, na apreensão e análise da situação, adentrar a complexidade da realidade social na qual as famílias estão imersas possibilita desvelar expressões da questão social e melhor compreender os conteúdos imbricados nas disputas judiciais. A análise de aspectos do filme "Eu, Tu, Eles" e da situação de Miriam e Jorge exemplifica esse percurso.

Consideramos plausível a pluralidade de posicionamentos sobre assuntos aqui abordados. Contudo, defendemos que alguns pontos devem fazer parte de todo estudo/pericial social e de seus registros, tais como: alinhamento ao projeto ético-político do Serviço Social, reconhecimento da diversidade de modos de ser família e a compreensão de que a rapidez com que mudanças sociofamiliares têm ocorrido dificulta às pessoas e aos profissionais a maturação de seus significados.

Isso posto, em decorrência de mudanças que vêm se processando na Justiça de Famílias, os assistentes sociais têm sido requisitados para "outras atribuições", o que tem gerado incertezas e indagações à categoria. Possivelmente, essa postura dos profissionais emerge, principalmente, por tais atribuições ensejarem questionamentos quanto a contemplarem a complexidade das famílias contemporâneas e a incidência sobre elas de processos societários carregados de graves desigualdades socioeconômicas, de gênero e de poder, entre outras.

Conjecturamos também que tais requisições possam colocar em risco o projeto de garantia de direitos individuais e sociais, arduamente conquistados a partir da CF de 1988, inclusive porque as razões para sua implementação parecem-nos mais associadas ao equacionamento quantitativo de processos judiciais do que a resoluções que imprimam qualidade e efetividade à Justiça de Família. É indiscutível a necessidade de redução do tempo de tramitação de um processo judicial, mas isso demanda reformas estruturais da instituição e não só a adoção de procedimentos de trabalho que, por mais das vezes, são realizados por profissionais não pertencentes ao quadro de funcionários dos tribunais e de forma não remunerada, resultando em precarização de um trabalho que é de responsabilidade do Estado.

O crescimento do número de processos judiciais nessa área pode ser indicativo de um contexto social permeado pela concentração de renda e de poder em pequena parcela da população, conforme discutido em capítulos anteriores. Além disso, a insuficiente implementação de políticas públicas que viabilizem o acesso a direitos formalizados, em decorrência da retração do Estado no que se refere a suas responsabilidades no âmbito social, pode culminar em esgarçamento de laços familiares e impulsionar a busca de solução via processo judicial.

Importa salientar, ainda, o descompasso entre mudanças no plano legal e a assimilação de seus conteúdos pela sociedade como um todo, como possível outra razão para o desencadeamento de desavenças familiares e sua não gestão entre as próprias pessoas. Presume-se que a existência de múltiplas leis e de outros tantos projetos de lei na área de famílias, alguns deles na contramão da consolidação e da ampliação da cidadania, retratem esse desalinhamento entre o que está formalizado e o que é socialmente vivido, pelo menos por alguns setores da sociedade.

Esse fluxo de questões nem sempre se expressa claramente para as pessoas, o que tende a provocar ambivalências, contradições e acirramento de tensões que podem resultar em disputas judiciais. É nessa etapa, na qual as famílias perderam sua condição de estabelecerem negociações em prol de definições relativas às suas formas de organização, incluindo aquelas que dizem respeito ao convívio e às responsabilidades entre pais e filhos, que se dá a atuação dos assistentes sociais na Justiça de Família, para as quais esta obra se propôs a oferecer contribuições para o debate.

Não dá para desconsiderar certo retrocesso de parcela da sociedade quanto às relações sociais de gênero e ao respeito à liberdade de cada um no que se refere à forma de organização da vida pessoal e familiar. É indubitável, porém, que a perspectiva de redemocratização do país, instaurada a partir da segunda metade da década de 1980, fomentou a construção de parâmetros mais equânimes nas relações familiares. A partir daí, fortaleceram-se novas formas de conjugalidade e de parentalidade, cuja convivência com outras orientadas por princípios mais afeitos a famílias ditas patriarcais, configura um *modus vivendi* que exige atenção especial dos profissionais para apreendê-lo e analisá-lo.

Essa complexidade no exercício da conjugalidade e, em especial, na parceria para o exercício das responsabilidades parentais parece representar, hoje, uma das mais importantes questões da Justiça de Família, para a qual o Serviço Social é chamado a opinar e entendemos ter expressivo papel.

As disputas judiciais deixam transparecer urgência quanto à ressignificação dos papéis parentais, tornando-se igualmente premente a reflexão e a consolidação de posicionamento dos profissionais da área no que se refere ao tema. Nesse sentido, para além de uma cuidadosa leitura da realidade social das famílias (incluindo a identificação de possível assimetria de poder entre os pais, advinda de posição econômica e status social, por exemplo), da clareza quanto à oferta ou à omissão do Estado brasileiro de suporte à conciliação entre esfera privada e pública no cuidado e proteção dos filhos, há de se ter atenção para os múltiplos interesses subjacentes às disputas judiciais, de modo a se trabalhar em prol da defesa de direitos dos sujeitos nelas envolvidos e, em especial, do bem-estar de crianças e adolescentes, salvaguardando-os de possíveis violências.

Em face disso, emerge como desafio para os assistentes sociais o avanço na realização de estudos/perícias sociais que partam das narrativas que são inicialmente dadas a conhecer, mas transcendam a aparência dos relatos, na busca de articulação entre as dimensões singular, particular e universal presentes na realidade das famílias em conflito judicial. Nessa direção, consideramos que análises sociais, devidamente fundamentadas, de questões contemporâneas postas na realidade social de indivíduos e famílias, sejam conteúdo imprescindível nos estudos/perícias e seus registros em relatórios/laudos e pareceres sociais.

Desse conteúdo, ressaltamos, além dos aspectos que se referem à contextualização social em termos de localização da família no tempo e no espaço social, a apreensão e o exame de seus múltiplos modos de ser e dos desafios relativos às relações de gênero e de gerações, assim como das atuais configurações de parentalidade e suas atribuições relativas à convivência e à proteção sociais.

Não podemos deixar de fazer referência, também, à condição humana, subjacente às disputas judiciais e por elas obscurecida, assim como às vicissitudes dos diferentes modos de ser famílias. Esses aspectos exigem do assistente social capacidade para apreender as famílias tanto em sua genericidade, que é produto e expressão das relações sociais, quanto em sua singularidade, resultante de seu percurso social.

É nessa perspectiva de totalidade na compreensão das famílias que as expressões da questão social podem ser desveladas e alicerçar análises sociais que culminem em parecer suficientemente consistente para a defesa e proteção de direitos individuais e sociais.

Esperamos ter contribuído para esse intento!

# Leituras afins

No desenvolvimento deste livro consta vasta bibliografia para subsidiar o debate dos assuntos nele abordados. Todavia, em acréscimo, indicamos outras produções, literárias e audiovisuais, que nos fundamentaram e inspiraram em nossa trajetória profissional. Consideramos que essas outras obras constituem especial contribuição para o aprofundamento de investigações, reflexões e ações.

As produções destacadas oferecem subsídios, do ponto de vista histórico e social, para adensar o debate da temática em pauta, que, por sua complexidade, exige abordagem a partir de diferentes ângulos de visão. São leituras que ofertam importantes análises sobre o Serviço Social e a conjuntura na qual a profissão está inserida (CFESS; Marilda Iamamoto); sobre a história das mulheres no Brasil (Mary Del Priore); e sobre tendências contemporâneas no debate do tema famílias:

CONSELHO FEDERAL DE SERVIÇO SOCIAL. ATRIBUIÇÕES PRIVATIVAS DO/A ASSISTENTE SOCIAL EM QUESTÃO. Brasília: CFESS, 2012. Disponível em: <http://www.cfess.org.br/arquivos/atribuicoes2012-completo.pdf.>. Acesso em: 12 set. 2018.

DEL PRIORE, Mary (Org.). *História das mulheres no Brasil.* São Paulo: Contexto, 2013.

IAMAMOTO, Marilda. *O Serviço Social na contemporaneidade:* trabalho e formação profissional. São Paulo: Cortez, 2015.

SARAIVA, Luís F. O.; MALDELBAUM, Belinda (Orgs.). *Família, contemporaneidade e conservadorismo.* São Paulo: Benjamim, 2017.

Das produções audiovisuais, recomendamos algumas que inspiram reflexões sobre como ser criança no mundo de hoje ("A Invenção da Infância", documentário de Liliana Sulzbach, Brasil, 2000); sobre os sentidos da parentalidade, do ponto de vista de uma criança ("Pelos olhos de Maisie". Direção de Scott McGehee e David Siegel, EUA, 2012); sobre a busca pelas origens biológicas e questões familiares relativas à homo e à multiparentalidade ("Minhas mães e meu pai". Direção de Lisa Cholodenko, EUA, 2010); e sobre as indeléveis marcas do contexto sociofamiliar na vida das pessoas ("Central do Brasil". Direção de Walter Salles, Brasil, 1998).

Essas produções ampliaram nossa visão sobre questões de nossa profissão e das demandas do Serviço Social na Justiça de Família.

# Referências

AASPTJ-SP; CRESS-SP (Orgs.). *Violência sexual e escuta judicial de crianças e adolescentes*: a proteção de direitos segundo especialistas. São Paulo: Associação dos Assistentes Sociais e Psicólogos do Tribunal de Justiça do Estado de São Paulo e Conselho Regional de Serviço Social do Estado de São Paulo, 2012.

AGUINSKY, Beatriz G.; ALENCASTRO, Ecleria H. Judicialização da Questão Social: rebatimentos nos processos de trabalho dos assistentes sociais no poder judiciário. *KATÁLYSIS*, v. 9, n. 1, jan./jun. 2006, Florianópolis-SC. Disponível em: <http://www.scielo.br/pdf/rk/v9n1/a02v9n1.pdf.> Acesso em: 8 ago. 2018.

ALAPANIAN, Silvia. *Serviço Social e Poder Judiciário*: reflexões sobre o Serviço Social no Poder Judiciário. v. II, São Paulo: Veras Editora, 2006.

ANDERSON, Perry. Balanço do neoliberalismo. In: SADER, Emir; GENTILI, Pablo (Orgs.). *Pós-neoliberalismo*: as políticas sociais e o Estado democrático. Rio de Janeiro: Paz e Terra, 1998.

ANTONIO, Maria de Lourdes Bohrer. *Relações afetivas em litígio e a mediação familiar*. Programa de Pós-Graduação em Serviço Social da Pontifícia Universidade Católica de São Paulo. Tese (Doutorado em Serviço Social). Pontifícia Universidade Católica de São Paulo-PUC-SP. São Paulo, 2013.

ANTUNES, Ricardo. *O continente do labor*. São Paulo: Boitempo, 2011.

ARAÚJO, Clara; SCALON, Celi. Percepções e atitudes de mulheres e homens sobre conciliação entre família e trabalho pago no Brasil. In: ARAÚJO, Clara; SCALON, Celi (Orgs.). *Gênero, família e trabalho no Brasil*. Rio de Janeiro: FGV, 2005.

AUGUSTO, Déborah C. Diniz; SILVA, Elizete Mello. *União poliafetiva: uma reflexão acerca da pluralidade de entidades familiares*. [s/d]. Disponível em: <https://cepein.femanet.com.br/BDigital/arqPics/1411400437P567.pdf>. Acesso em: 10 maio 2018.

BAPTISTA, Myrian V. Pesquisa social, prática profissional e interdisciplinaridade. *Emancipação*, Ponta Grossa, n. 10, v. 1, p. 395-401, 2010. Disponível em: <http://www.revistas2.uepg.br/index.php/emancipacao/article/view/Emancipacao.v.10i1.395401>. Acesso em: 9 ago. 2018.

BARROCO, Maria Lucia S. *Ética*: fundamentos sócio-históricos. São Paulo: Cortez, 2008.

BARISON, Mônica S. Judicialização da questão social e a banalização da interdição de pessoas com transtornos mentais. In: *Serviço Social e Sociedade*, São Paulo, n. 125, p. 41-63, jan./abr. 2016. Disponível em: <http://www.scielo.br/pdf/sssoc/n125/0101-6628-sssoc-125-0041.pdf>. Acesso em: 23 jul. 2018.

BATISTA, Thais T. *Judicialização dos conflitos intrafamiliares*: considerações do Serviço Social sobre a alienação parental. Programa de Pós-Graduação em Política Social da Universidade Federal do Espírito Santo. Tese (Doutorado em Política Social). Universidade Federal do Espírito Santo, Vitória, 2016. Disponível em: <http://portais4.ufes.br/posgrad/teses/tese9896Tha%EDs %20 Tononi%20Batista.pdf>. Acesso em: 13 jun. 2018.

BERGER, Peter I.; LUCKMAN, Thomas. *A construção social da realidade*. Petrópolis: Vozes, 1987.

BÖING, Elisangela. *Relações entre coparentalidade, funcionamento familiar e estilos parentais em uma perspectiva intergeracional*. Programa de Pós-Graduação em Psicologia. Tese (Doutorado em Psicologia). Florianópolis: Universidade Federal de Santa Catarina, 2014. Disponível em: <https://repositorio.ufsc.br/bitstream/

handle/123456789/128737/328440.pdf? sequence=1&isAllowed=y>. Acesso em: 4 maio 2018.

BORGIANNI, Elisabete. Identidade e autonomia do trabalho do/a assistente social no campo sociojurídico. In: *Conselho Federal de Serviço Social*. II Seminário Nacional: o Serviço Social no campo sociojurídico na perspectiva da concretização de direitos. Brasília: CFESS, 2012.

_____. Para entender o Serviço Social na área sociojurídica. In: *Revista Serviço Social e Sociedade*, n. 115, São Paulo: Cortez, 2013.

_____. O Serviço Social e o Sistema Sociojurídico. In: *Revista em Foco*, CRESS-RJ, 2010. Disponível em: <http://www.cressrj.org.br/site/wp-content/uploads/2017/09/EM-FOCO-2-SS-Sociojuridico.pdf>. Acesso em: 9 ago. 2018.

BRASIL. *Constituição da República Federativa do Brasil de 1988*. Disponível em: <http://www.planalto.gov.br/ccivil03/constituicao/constituicaocompilado.htm>. Acesso em: 7 jun. 2018.

_____. Constituição de 1934. Disponível em: <http://www2.camara.leg.br/legin/fed/consti/1930-1939/constituicao-1934-16-julho-1934-365196-publicacao original-1-pl.html>. Acesso em: 12 maio 2018.

_____. *Lei n. 3.071*, de 1º de janeiro de 1916. Código Civil. Disponível em: <http://www.planalto.gov.br/ccivil_03/Leis/L3071.htm>. Acesso em: 4 jun. 2018.

_____. *Lei n. 4.121*, de 27 de agosto de 1962. Dispõe sobre a situação jurídica da mulher casada. Disponível em: <http://www2.camara.leg.br/legin/ fed/lei/1960-1969/lei-4121-27-agosto-1962-353846-publicacaooriginal-1-l.html>. Acesso em: 12 abr. 2018.

_____. *Lei n. 5.869*, de 11 de janeiro de 1973. Institui o Código de Processo Civil. Disponível em: <http://www.planalto.gov.br/cCivil_03/LEIS/L5869 impressao.htm>. Acesso em: 18 jun. 2018.

_____. *Lei n. 6.515*, de 26 de dezembro de 1977. Regula os casos de dissolução da sociedade conjugal e do casamento, seus efeitos e respectivos processos, e dá outras providências. Disponível em: <http://www.planalto.gov. br/ccivil_03/LEIS/L6515. htm>. Acesso em: 12 abr. 2018.

BRASIL. *Lei n. 8.069*, de 13 de julho de 1990. Estatuto da Criança e do Adolescente. Disponível em: <http://www.planalto.gov.br/ccivil03/leis/l8069. htm>. Acesso em: 3 jun. 2018.

_____. *Decreto n. 99.710*, de 21 de novembro de 1990. Promulga a Convenção sobre os Direitos da Criança. Disponível em: <http://www.planalto.gov.br/ccivil_03/decreto/1990-1994/d99710.htm>. Acesso em: 7 jun. 2018.

_____. *Lei n. 8.560*, de 29 de dezembro de 1992. Regula a investigação de paternidade dos filhos havidos fora do casamento e dá outras providências. Disponível em: <http://www.planalto.gov.br/ccivil_03/Leis/L8560.htm>. Acesso em: 11 jun. 2018.

_____. *Lei n. 8.742*, de 7 de dezembro de 1993. Dispõe sobre a organização da Assistência Social e dá outras providências. Disponível em: <http:// www.planalto. gov.br/ccivil_03/LEIS/L8742.htm>. Acesso em: 10 abr. 2018.

_____. *Lei n. 10.406*, de 10 de janeiro de 2002. Novo Código Civil. Disponível em: <http://www.planalto.gov.br/ccivil_03/Leis/2002/l10406.htm>. Acesso em: 26 maio 2018.

_____. *Lei n. 10.741*, de 1º de outubro de 2003. Dispõe sobre o Estatuto do Idoso e dá outras providências. Disponível em: <http://www.planalto.gov.br/ccivil 03/leis/2003/L10.741.htm>. Acesso em: 15 maio 2018.

_____. *Ministério do Desenvolvimento Social e Combate à Fome*. Política Nacional de Assistência Social. Brasília: Secretaria Nacional de Assistência Social, 2004. Disponível em: <http://www.assistenciasocial.al.gov.br/sala-de-imprensa/arquivos/PNAS.pdf/view>. Acesso em: 4 jul. 2018.

_____. *Lei n. 11.340*, de 7 de agosto de 2006. Cria mecanismos para coibir a violência doméstica e familiar contra a mulher. (Lei Maria da Penha). Disponível em: <http://www.planalto.gov.br/ccivil_03/_ato2004-2006/2006/lei/l11340.htm>. Acesso em: 10 jun. 2018.

BRASIL. *Lei n. 11.698*, de 13 de junho de 2008. Institui e disciplina a guarda compartilhada. Disponível em: <http://www.planalto.gov.br/ccivil_03/_ato2007-2010/2008/lei/l11698.htm>. Acesso em: 29 abr. 2018.

_____. *Lei n. 12.318*, de 26 de agosto de 2010. Dispõe sobre a alienação parental e altera o art. 236 da Lei n. 8.069, de 13 de julho de 1990. Disponível em: <http://www.planalto.gov.br/ccivil_03/_ato2007-2010/2010/lei/l12318.htm>. Acesso em: 27 abr. 2018.

_____. *Lei n. 12.435*, de 6 de julho de 2011. Altera a Lei n. 8.742, de 7 de dezembro de 1993, que dispõe sobre a organização da Assistência Social. Disponível em: <http://www.planalto.gov.br/ccivil_03/_Ato2011-2014/2011/Lei/ L12435.htm>. Acesso em: 15 abr. 2018.

_____. *Lei n. 13.058*, de 22 de dezembro de 2014. Estabelece o significado da expressão "guarda compartilhada" e dispõe sobre sua aplicação. Disponível em: <http://www.planalto.gov.br/ccivil_03/_ato2011-2014/2014/lei/l13058.htm>. Acesso em: 26 abr. 2018.

_____. *Lei n. 13.105*, de 16 de março de 2015. Código de Processo Civil. Disponível em: <http://www.planalto.gov.br/ccivil_03/_ato2015-2018/2015/lei/ l13105. htm>. Acesso em: 13 jun. 2018.

_____. *Lei n. 13.431*, de 4 de abril de 2017. Estabelece o sistema de garantia de direitos da criança e do adolescente vítima ou testemunha de violência. Disponível em: <http://www.planalto.gov.br/ccivil_03/_Ato2015-2018/2017/Lei/ L13431.htm>. Acesso em: 13 jul. 2018.

BRUNO, Denise D. *Jurisdicionalização, Racionalização e Carisma*: as demandas de regulação das relações familiares ao Poder Judiciário gaúcho. Programa de Pós-Graduação em Sociologia. Tese (Doutorado em Sociologia). Universidade Federal do Rio Grande do Sul. Porto Alegre, 2006.

BRUSCHINI, Maria Cristina A.; RICOLDI, Arlene M. Família e trabalho: difícil conciliação para mães trabalhadoras de baixa renda. In: *Cadernos de Pesquisa*, v. 39, n. 136, jan./abr. 2009. Disponível em: <http://www.scielo.br/pdf/cp/v39n136/a0639136.pdf>. Acesso em: 18 abr. 2018.

BUTLER, Judith. *Problemas de gênero:* feminismo e subversão da identidade. Rio de Janeiro: Civilização Brasileira, 2003.

CABANES, Robert. Espaço privado e espaço público: o jogo de suas relações. In: TELLES, Vera S.; CABANES, Robert. *Nas tramas da cidade*: trajetórias urbanas e seus territórios. São Paulo: Associação Editorial Humanitas, 2006, p. 389-428.

CASSETTARI, Christino. *Multiparentalidade e parentalidade socioafetiva*: efeitos jurídicos. São Paulo: Atlas, 2017.

CISNE, Mirla. *Gênero, Divisão Sexual do Trabalho e Serviço Social.* São Paulo: Outras Expressões, 2012.

_____; SANTOS, Silvana Mara M. Feminismo, diversidade sexual e Serviço Social. *Coleção Biblioteca Básica de Serviço Social.* São Paulo: Cortez, 2018.

CONSELHO FEDERAL DE SERVIÇO SOCIAL. *Código de Ética do/a Assistente Social e Lei n. 8.662/93, de regulamentação da profissão.* Brasília: Conselho Federal de Serviço Social, 2012. Disponível em: <http://www.cfess.org.br/arquivos/CEP_CFESS-SITE.pdf>. Acesso em: 28 jun. 2018.

_____. *Parecer Jurídico n. 24/2016 (CFESS).* Mediação de conflitos/conceito jurídico — atuação e intervenção do assistente social. Disponível em: <http://cress-sp.org.br/wp-content/uploads/2016/12/PAR-JUR-24-de-2016-2.pdf>. Acesso em: 4 jul. 2018.

_____. *Resolução CFESS n. 557*, de 15 de setembro de 2009. Dispõe sobre a emissão de pareceres, laudos, opiniões técnicas conjuntos entre o assistente social e outros profissionais. Disponível em: <http://www.cfess.org.br/arquivos/ Resolucao_CFESS_557-2009.pdf>. Acesso em: 29 jun. 2018.

_____. Atuação de assistentes sociais no sociojurídico: subsídios para reflexão. In: *Série Trabalho e Projeto Profissional nas Políticas Sociais*, n. 4, 2014. Brasília: Conselho Federal de Serviço Social-CFESS, 2014. Disponível em: <https://mail.uol.com.br/?xc=abab67115df3fe48b43b3e064c69d142#/webmail/0//INBOX/page:1/OTMzMzM>. Acesso em: 2 jul. 2018.

CONSELHO NACIONAL DOS DIREITOS DA CRIANÇA E DO ADOLESCENTE. *Nota Pública do CONANDA sobre a Lei da Alienação Parental.* Disponível em: <http://

www.direitosdacrianca.gov.br/documentos/notas-publicas-dos-conanda/nota-publica-do-conanda-sobre-a-lei-da-alienacao-parental-lei-ndeg-12-318-de-2010-30-08-2018>. Acesso em: 5 set. 2018.

CONSELHO NACIONAL DE JUSTIÇA. *Resolução CNJ n. 125*, de 29 de novembro de 2010. Disponível em: <http://www.cnj.jus.br/images/atos normativos/resolucao/resolucao 2529112010 _11032016150808.pdf>. Acesso em: 29 jan. 2018.

_____. Código de Ética de Conciliadores e Mediadores Judiciais. In: *Resolução CNJ n. 125*, de 29 de novembro de 2010. Disponível em: <:http://www.cnj.jus.br/images/atosnormativos/resolucao/resolucao1252911210 1032016150808.pdf>. Acesso em: 30 jan. 2018.

_____. *Resolução CNJ n. 175*, de 14 de maio de 2013. Dispõe sobre casamento civil entre pessoas de mesmo sexo. Disponível em: <http://www.cnj.jus.br/files/atos_administrativos/resoluo-n175-14-05-2013-presidncia.pdf>. Acesso em: 3 maio 2018.

_____. *Recomendação n. 50*, de 8/5/2014. Disponível em: <http://www.cnj.jus.br/busca-atos-adm?documento=1241>. Acesso em: 12 jul. 2018.

CONSELHO REGIONAL DE SERVIÇO SOCIAL. *Nota Técnica Posição Preliminar sobre Serviço Social e mediação de conflitos*. 2016. Disponível em: <http://cress-sp.org.br/wp-content/uploads/2015/10/Nota-Técnica-Serviço-Social-e-Mediação-de-Conflitos.pdf>. Acesso em: 20 jun. 2018.

CONSELHO SUPERIOR DA MAGISTRATURA. *Provimento n. 953*, de 7 de julho de 2005. Disponível em: <http://tj.sp.gov.br/Download/Corregedoria/ pdf/provimento_conciliação.pdf>. Acesso em: 2 fev. 2018.

D'INCAO, Maria Angela. Modos de ser e de viver: a sociabilidade urbana. In: *Tempo Social*; Revista de Sociologia da USP, São Paulo, 4(1-2), p. 95-109, 1992. Disponível em: <http://www.scielo.br/pdf/ts/v4n1-2/0103-2070-ts-04-02-0095.pdf>. Acesso em: 11 maio 2018.

FACIO, Alda. Hacia otra teoría crítica del Derecho. In: *Género y Derecho*. Santiago: LOM Ediciones, 1999.

FÁVERO, Eunice T. O Estudo Social: fundamentos e particularidades de sua construção na Área Judiciária. In: CONSELHO FEDERAL DE SERVIÇO SOCIAL — CFESS (Org.). *O estudo social em perícias, laudos e pareceres técnicos*: debates atuais no Judiciário, no Penitenciário e na Previdência Social. São Paulo: Cortez, 2014, p. 13-64.

_____. O Serviço Social no Judiciário: construções e desafios com base na realidade paulista. In: *Serviço Social e Sociedade*, São Paulo, n. 115, p. 508-526, jul./set. 2013. Disponível em: <http://www.scielo.br/pdf/sssoc/n115/06.pdf >. Acesso em: 20 jul. 2018.

_____. Serviço Social no campo sociojurídico: possibilidades e desafios na consolidação do projeto ético-político profissional. In: *Conselho Federal de Serviço Social*. II Seminário Nacional: o Serviço Social no campo sociojurídico na perspectiva da concretização de direitos. Brasília: CFESS, 2012.

_____. O Serviço Social e o Sistema Sociojurídico. In: *Revista Em Foco*, CRESS-RJ, 2010. Disponível em: <http://www.cressrj.org.br/site/wp-content/ uploads/2017/09/EM-FOCO-2-SS-Sociojuridico.pdf>. Acesso em: 9 ago. 2018

_____. *Serviço Social, práticas judiciárias, poder*: implantação e implementação do Serviço Social no Juizado de Menores de São Paulo. São Paulo: Veras, 2005.

FERREIRA, Guilherme G. *Diversidade Sexual e de gênero e o Serviço Social no Sociojurídico*. São Paulo: Cortez, 2018.

FUZIWARA, Aurea S. Reflexões sobre a linguagem e a produção de documentos no trabalho social com famílias. In: GOIS, Dalva A. (Org.). *Famílias e trabalho social*: trilhando caminhos no Serviço Social. Campinas: Papel Social (no prelo).

GINZBURG, Natalia. *Léxico familiar*. São Paulo: Cosac Naify, 2009.

GOIS, Dalva A. Famílias e Trabalho Social: eixos norteadores. In: GOIS, Dalva A. (Org.). *Famílias e Trabalho Social*: trilhando caminhos no Serviço Social. Campinas: Papel Social (no prelo).

GRIGOROWITSCHS, Tamara. O conceito "socialização" caiu em desuso? Uma análise dos processos de socialização na infância com base em Georg Simmel e

George H. Mead. In: *Revista Educação e Sociedade*, Campinas, v. 29, n. 102, p. 33-54, jan./abr. 2008. Disponível em: <http://www.scielo.br/pdf/ es/v29n102 /a0329102. pdf>. Acesso em: 25 abr. 2018.

GUERRA, Yolanda. Instrumentalidade do processo de trabalho e Serviço Social. In: *Serviço Social e Sociedade* n. 62. São Paulo: Cortez, 2000.

HIRONAKA, Giselda Maria F. N. Famílias paralelas. In: *Revista da Faculdade de Direito da Universidade de São Paulo*, v. 108, p. 199-219, jan./dez. 2013. Disponível em: <http://www.revistas.usp.br/rfdusp/article/viewFile/67983/ 70840>. Acesso em: 10 maio 2018.

HOBSBAWM, Eric. *A era dos extremos*: o breve século XX — 1914-1991. São Paulo: Companhia das Letras, 1995.

HÜMMELGEN, Isabela; CANGUSSÚ, Kauan J. *Estereótipos de gênero no direito das famílias*: um estudo da doutrina jurídica sobre alienação parental. Disponível em: <http://www.enadir2017.sinteseeventos.com.br/arquivo/downloadpublic2?q= YToyOntzOjY6InBhcmFtcyI7czozNDoiYToxOntzOjEwOiJJRF9BUlFVSVZPIjtz OjM6IjIwOSI7fSI7czoxOiJoIjtzOjMyOiJhNzFhYjZlYjA3Yjl hZjgzNGViZDJlNTk yNDQwZGE4ZSI7fQ%3D%3D>. Acesso em: 13 jun. 2018.

IAMAMOTO, Marilda V. A Questão Social no capitalismo. In: *Temporalis/Associação Brasileira de Ensino e Pesquisa em Serviço Social*, ano II, n. 3, jan./jul. 2001. Brasília: ABEPSS, Grafine, 2001.

_____. Questão social, família e juventude: desafios do trabalho do assistente social na área sociojurídica. In: SALES, Mione A.; MATOS, Maurilio C.; LEAL, Maria Cristina (Orgs.). *Política social, família e juventude*. São Paulo: Cortez, 2004.

_____; CARVALHO, Raul. *Relações Sociais e Serviço Social no Brasil*: esboço de uma interpretação histórico-metodológica. São Paulo: Cortez, 1983.

IBDFAM. *Coparentalidade*: desejo de compartilhar paternidade e maternidade. Assessoria de Comunicação do IBDFAM, 2017. Disponível em: <http://www.ibdfam. org.br/noticias/6367/Coparentalidade%3A+desejo+de+compartilhar+paternidade+ e+maternidade>. Acesso em: 4 maio 2018.

IBGE. *Síntese de indicadores sociais*: uma análise das condições de vida da população brasileira: 2017/IBGE, Coordenação de População e Indicadores Sociais. Rio de Janeiro: IBGE, 2017. Disponível em: <https://biblioteca.ibge.gov.br/visualizacao/ livros/liv101459.pdf>. Acesso em: 7 mar. 2018.

JACCOUD, Luciana. *Concepção e gestão da proteção social não contributiva no Brasil*. Brasília: Ministério do Desenvolvimento Social e Combate à Fome, UNESCO, 2009. Disponível em: <http://unesdoc.unesco.org/images/ 0018/001830/183075por. pdf>. Acesso em: 1 ago. 2018.

KRÜGER, Liara Lopes; CASTILLO, Gisela Wurlitzer. *A mediação no Judiciário*: processo de trabalho do Assistente Social, o Serviço Social em questão, Rio de Janeiro-RJ, ano XI, n. 19, 2008-1. Disponível em: <http://osocialemquestao.ser. puc-rio.br/media/v11n19a07.pdf>. Acesso em: 22 jul. 2018.

KREUTZ, Lúcio. Identidade étnica e processo escolar. *Cadernos de Pesquisa*, São Leopoldo, n. 107, jul. 1999.

LIMA, Edna F. R. *Alienação Parental sob o olhar do Serviço Social*: limites e perspectivas da atuação profissional nas Varas de Família. Programa de Pós-Graduação de Serviço Social da Pontifícia Universidade Católica de São Paulo. Tese (Doutorado em Serviço Social). Pontifícia Universidade Católica de São Paulo, São Paulo, 2016. Disponível em: <https://sapientia.pucsp.br/bitstream /handle/19559/2/Edna%20 Fernandes%20da%20Rocha%20Lima.pdf>. Acesso em: 13 jun. 2018.

LIMA, Juliana Maggi. Família, contemporaneidade e conservadorismo: o Direito das Famílias. In: SARAIVA, Luís Fernando O.; MANDELBAUM, Belinda (Orgs.). *Família, contemporaneidade e conservadorismo*. São Paulo: Benjamin Editorial, 2017.

MARTIN, Claude. Os limites da proteção da família: introdução a uma discussão sobre as novas solidariedades na relação Família-Estado. In: *Revista Crítica de Ciências Sociais*, Coimbra, Centro de Estudos Sociais, n. 42, p. 53-72, maio de 1995. Disponível em: <http://www.ces.uc.pt/ rccs/includes/download.php?id=560>. Acesso em: 7 abr. 2018.

MARTINELLI, Maria Lúcia. *Serviço Social*: Identidade e alienação. 14. ed. São Paulo: Cortez, 2010.

MARTINS, Ludson R. A questão dos documentos profissionais no Serviço Social. In: *Temporalis*, Brasília (DF), ano 17, n. 33, jan./jun. 2017. Disponível em: <http://periodicos.ufes.br/temporalis/article/view/15102/pdf_1>. Acesso em: 28 jun. 2018.

MEDEIROS, Maria Bernadete M. *Interdição civil*: proteção ou exclusão. São Paulo: Cortez, 2008.

MELO, Victor A. Lazer, modernidade, capitalismo: um olhar a partir da obra de Edward Palmer Thompson. In: *Estudos Históricos*, Rio de Janeiro, v. 23, n. 45, p. 5-26, jan./jun. 2010. Disponível em: <http://www.scielo.br/pdf/eh/v23n45/a01v2345.pdf>. Acesso em: 28 fev. 2018.

MESQUITA, Margarida. Parentalidade: contributo para uma definição do conceito. In: *Plataforma Barômetro Social*. Instituto de Sociologia da Universidade do Porto. Porto, Portugal, 2013. Disponível em: <http://www.barometro.com.pt/2013/02/14/ parentalidade-contributo-para-uma-definicao-do-conceito/>. Acesso em: 29 jun. 2018.

MIOTO, Regina C. T. Estudos socioeconômicos. In: CFESS-ABEPSS (Orgs.). *Serviço Social*: direitos sociais e competências profissionais. Brasília: CFESS/ABEPSS, 2009, p. 481-496.

_____; DAL PRÁ, Keli R. Serviços sociais e responsabilização da família: contradições da política social brasileira. In: MIOTO, Regina C. T.; CAMPOS, Marta S.; CARLOTO, Cássia M. (Orgs.). *Familismo, direitos e cidadania*: contradições da política social. São Paulo: Cortez, 2015, p. 147-178.

_____. Família, trabalho com famílias e Serviço Social. In: *Serviço Social em Revista*. Londrina, v. 12, n. 2, p. 163-176, jan./jun. 2010.

_____. A intervenção dos assistentes sociais junto a famílias e a defesa dos direitos de crianças e adolescentes: a instrumentalidade do Serviço Social em questão. *Anais do X Congresso Brasileiro de Assistentes Sociais*, Rio de Janeiro, RJ, 2001.

MONTAÑO, Carlos. *Alienação parental e guarda compartilhada*: um desafio ao Serviço Social na proteção dos mais indefesos: a criança alienada. Rio de Janeiro: Lumen Juris, 2016.

MORO, Marie Rose. Os ingredientes da parentalidade. In: *Revista Latinoamericana de Psicopatologia Fundamental*. São Paulo, v. 8, n. 2, p. 258-273, junho de 2005. Disponível em: <http://www.scielo.br/scielo.php?script=sci_arttext&pid=S1415-47142005000200258&lng=en&nrm=iso>. Acesso em: 5 jun. 2018.

MOREIRA, Marinete C.; ALVARENGA, Raquel F. C. O Parecer Social: um instrumento de viabilização de direitos (relato de uma experiência). In: CONSELHO FEDERAL DE SERVIÇO SOCIAL — CFESS (Org.). *O estudo social em perícias, laudos e pareceres técnicos*: debates atuais no Judiciário, no Penitenciário e na Previdência Social. São Paulo: Cortez, 2014, p. 65-115.

MOTTA, Alda B. Família e gerações: atuação dos idosos hoje. In: BORGES, Ângela; CASTRO, Mary G. *Família, gênero e gerações*: desafios para as políticas sociais. São Paulo: Paulinas, 2007.

PAULA, Viviane. *A análise da categoria mediação na prática profissional do assistente social nas Varas de Família e Sucessões do Tribunal de Justiça do Estado de São Paulo*. Programa de Pós-Graduação em Serviço Social da Pontifícia Universidade Católica — PUC-SP. Dissertação (Mestrado em Serviço Social). Pontifícia Universidade Católica de São Paulo. São Paulo, 2015.

PASINATO, Liana; MOSMANN, Clarisse P. Coparentalidade em genitores de bebês com indicativos de dificuldades de inserção escolar. In: *Revista Quadrimestral da Associação Brasileira de Psicologia Escolar e Educacional*, São Paulo, v. 19, n. 1, Janeiro/Abril de 2015, p. 31-40. Disponível em: <http://www.scielo.br/pdf/pee/v19n1/2175-3539-pee-19-01-00031.pdf>. Acesso em: 4 maio 2018.

PEIXOTO, Clarice E.; LUZ, Gleice M. De uma morada à outra: processos de re-coabitação entre as gerações. In: *Cadernos Pagu*, n. 29, Campinas, UNICAMP, jul.-dez. 2007, p. 171-191. Disponível em: <http://www.scielo.br/pdf/cpa/n29/a08n29>. Acesso em: 2 maio 2018.

PISMEL, Francisco de Oliveira. *O Encargo Judicial do Assistente Social em Vara de Família*: estudo exploratório sobre a perícia social como elemento processual e modalidade técnica de intervenção do Serviço Social. Programa de Pós-Graduação em Serviço Social da Pontifícia Universidade Católica — PUC-SP. Dissertação

(Mestrado em Serviço Social). Pontifícia Universidade Católica de São Paulo. São Paulo, 1979.

PONTES, Reinaldo Nobre. *Mediação e Serviço Social.* São Paulo: Cortez, 2000.

_____. *Mediação e Serviço Social.* 8. ed. rev. e ampl. São Paulo: Cortez, 2016.

RIBEIRO, Cláudia R.; GOMES, Romeu; MOREIRA, Martha C. N. A paternidade e a parentalidade como questões de saúde frente aos rearranjos de gênero. In: *Ciência & Saúde Coletiva,* Rio de Janeiro, v. 20, n. 11, p. 3.589-3.598, nov. 2015. Disponível em: <http://www.scielo.br/pdf/csc/v20n11/1413-8123-csc-20-11-3589.pdf>. Acesso em: 4 jun. 2018.

ROCHA, Edna F.; SANTOS, Thais F. S. Transexualidade e travestilidade: contribuições do Serviço Social no exercício de cidadania. In: OLIVEIRA, Antonio D.; PINTO, Cristiano R. B. (Orgs.). *Transpolíticas públicas.* Campinas: Papel Social, 2017.

_____.; SOUZA, Ana P. H. Alienação parental como demanda nas perícias psicológicas e social em Varas de Família: uma perspectiva interdisciplinar. In: BORGIANNI, Elisabete; MACEDO, Lilian M. (Orgs.). *O Serviço Social e a Psicologia no universo judiciário.* Campinas: Papel Social/AASPTJ-SP, 2018.

SAFFIOTI, Heleieth I. B. *Gênero, patriarcado e violência.* São Paulo: Perseu Abramo, 2004.

SARACENO, Chiara; NALDINI, Manuela. *Sociologia da família.* Lisboa: Estampa, 2003, p. 25-85 e 245-297.

SARTI, Cynthia Andersen. *A família como espelho*: um estudo sobre a moral dos pobres. São Paulo: Cortez, 2011, p. 55-86.

SILVA, Cintia Antunes A.; BRUM, Diego Lemes M. Multiparentalidade: a coexistência da filiação socioafetiva com a filiação biológica à luz da jurisprudência. In: *Revista Intervenção, Estado e Sociedade,* Ourinhos-SP, v. 2, n. 1, jul./dez. 2014, p. 195-214. Disponível em: <http://www.revista.projuriscursos.com.br/index.php/revista-projuris/issue/view/2>. Acesso em: 4 maio 2018.

THERBORN, Göran. *Sexo e poder*: a família no mundo, 1900-2000. São Paulo: Contexto, 2006.

THURLER, Ana L. Outros horizontes para a paternidade brasileira no século XXI? In: *Sociedade e Estado*. Brasília, v. 21, n. 3, p. 681-707, dezembro de 2006. Disponível em: <http://www.scielo.br/scielo.php?script=sci_arttext&pid= S0102-69922006000300007&lng=en&nrm=iso>. Acesso em: 11 jun. 2018.

TORRES, Abigail S. *Segurança de convívio e de convivência*: direito de proteção na Assistência Social. Programa de Pós-Graduação em Serviço Social da Pontifícia Universidade Católica — PUC-SP. Tese (Doutorado em Serviço Social). Pontifícia Universidade Católica de São Paulo. São Paulo, 2013.

TRIBUNAL DE JUSTIÇA DO ESTADO DE SÃO PAULO. *Comunicado CG n. 1.749*, de 27 de julho de 2017: Prerrogativa de escolha dos instrumentos de avaliação dos Setores Técnicos. Disponível em: <http://www.tjsp.jus.br/Corregedoria/Comunicados/Comunicado?codigoComunicado=11552&pagina=1>. Acesso em: 29 jun. 2018.

_____. Atribuições dos assistentes sociais. *Comunicado DRH n. 308*/2004. Publicado no Diário Oficial da Justiça, de 8 de março de 2004.

_____. *Provimento CG. n. 07/2006*. Centro de Visitação Assistida de São Paulo — CEVAT. Publicado no Diário Oficial da Justiça, de 17 de abril de 2006.

_____. *Portaria n. 9.277/2016* de Diário da Justiça Eletrônico, de 23 de março de 2016. Atribuições profissionais dos assistentes sociais.

_____. *Provimento CSM n. 2.403/2017*: reformulação do Centro de Visitação Assistida de São Paulo — CEVAT e sobre o aprimoramento do serviço prestado. Publicado no Diário Oficial da Justiça, de 15 de março de 2017.

_____.*Comunicado n. 1.250/2017*. Vedação mediação de conflitos para assistente social e psicólogo. Publicado no Diário Oficial da Justiça, de 24 de maio de 2017.

_____. *Provimento CG n. 12*, de 17 de agosto de 2017. Disponível em: <http://esaj.tjsp.jus.br/gcnPtl/abrirDetalhesLegislacao.do?cdLegislacaoEdit=154744&flBtVoltar=N>. Acesso em: 5 jul. 2018.

TRIBUNAL DE JUSTIÇA DO ESTADO DE SÃO PAULO. *Provimento CG n. 17/2018*, publicado no Diário da Justiça Eletrônico — Caderno Administrativo São Paulo, Ano XI — Edição 2.591, 11 de 8 de junho de 2018. Alteração Normas de Serviço da Corregedoria Geral da Justiça, inclusão do Depoimento Especial como atribuição de assistentes sociais e psicólogos.

VAITSMAN, Jeni. Pluralidade de Mundos entre Mulheres Urbanas de Baixa Renda. In: *Revista Estudos Feministas*, v. 5, n. 2, 1997. Universidade Federal de Santa Catarina, 1997. Disponível em: <https://periodicos.ufsc.br/ index.php/ref/article/view/12139>. Acesso em: 16 maio 2018.

VENDRAMINI, Célia R. A contribuição de E. P. Thompson para a apreensão dos saberes produzidos do/no trabalho. In: *Revista Educação Unisinos*, v. 10(2), p. 123129, maio/ago. 2006. Disponível em: <http://revistas.unisinos.br/index.php/educacao/article/view/6051>. Acesso em: 20 fev. 2018.

VIEIRA, Evaldo. *Sociologia da educação*: reproduzir e transformar. São Paulo: FTD, 1996.

VIEIRA, Balbina O. *Serviço Social, processos e técnicas*. Rio de Janeiro: Agir, 1981.

VITALE, Maria Amália F. Socialização e família: uma análise intergeracional. In: CARVALHO, Maria do Carmo B. *A família contemporânea em debate*. São Paulo: Cortez, 2005, p. 89-96.

WADDINGTON, Andrucha. *Eu, Tu, Eles*. Drama/romance. Brasil, 2000.

ZORNIG, Silvia M. A. Tornar-se pai, tornar-se mãe: o processo de construção da parentalidade. In: *Tempo Psicanalítico*, Rio de Janeiro, v. 42, n. 2, p. 453-470, 2010. Disponível em: <http://pepsic.bvsalud.org/pdf/tpsi/v42n2/v42n2a10.pdf>. Acesso em: 4 jun. 2018.

ZOLA, Marlene Bueno. Políticas sociais, família e proteção social: um estudo acerca das políticas familiares em diferentes cidades/países. In: MIOTO, Regina C. Tamaso; CAMPOS, Marta Silva; CARLOTO, Cássia Maria (Orgs.). *Familismo, direitos e cidadania*: contradições da política social. São Paulo: Cortez, 2015, p. 45-93.

## títulos publicados
## coleção Temas Sociojurídicos

### DIVERSIDADE SEXUAL E DE GÊNERO E O SERVIÇO SOCIAL NO SOCIOJURÍDICO
Guilherme Gomes Ferreira
1ª edição (2018) • 160 páginas • ISBN 978-85-249-2628-0

### SERVIÇO SOCIAL NA DEFENSORIA PÚBLICA
potências e resistências
Luiza Aparecida de Barros
1ª edição (2018) • 144 páginas • ISBN 978-85-249-2639-6

### ADOLESCENTE, ATO INFRACIONAL E SERVIÇO SOCIAL NO JUDICIÁRIO
trabalho e resistências
Cilene Terra e Fernanda Azevedo
1ª edição (2018) • 160 páginas • ISBN 978-85-249-2704-1

### MENINAS E TERRITÓRIO
criminalização da pobreza e seletividade jurídica
Joana das Flores Duarte
1ª edição (2018) • 144 páginas • ISBN 978-85-249-2705-8

leia também

## FAMILISMO, DIREITOS E CIDADANIA
### contradições da política social

Regina Célia Tamaso Mioto
Marta Silva Campos
Cássia Maria Carloto (Orgs.)

1ª edição - 2º reimpressão (2018)
248 páginas
ISBN 978-85-249-2343-2

Este livro discute a família no contexto da política social contemporânea, enfatizando os dilemas a ela postos em relação à responsabilidade na provisão de bem-estar social. Traça algumas das consequências atuais dos fatores de proteção social no campo dos serviços sociais e no interior da própria família, tais como a reprodução da desigualdade de gênero; a instalação do "familismo", como forma de responsabilização excessiva da família no cuidado de seus membros, em detrimento da participação societária e estatal no provimento de serviços e subsídios; a necessidade urgente de transformação do modo de abordar e trabalhar com famílias nas diversas políticas. Trata-se, enfim, de contribuições que visam repensar a temática da ligação família--política social em bases críticas.

**GRÁFICA PAYM**
Tel. [11] 4392-3344
paym@graficapaym.com.br